ABREGÉ DE LA PHILOSOPHIE DE GASSENDI

Par F. BERNIER *Docteur en Medecine de la Faculté de Montpelier.*

TOME III.

A LYON

Chez ANISSON, & POSUEL.

M. DC. LXXVIII.

AVEC PRIVILEGE DU ROY.

TABLE DES PARTIES contenuës dans ce Tome.

ABRE

ABREGÉ DE LA PHILOSOPHIE DE GASSENDI.

DE LA LOGIQUE en general.

LA Logique est *l'Art de Bien-penser*. Elle tire son nom de Λόγος qui signifie *parole*, ou *discours*, parceque la pensée n'est autre chose qu'un discours par lequel on parle interieurement en soy-mesme. En effect nous exprimentons toutes les fois que nous pensons, que nous-nous servons tacitement des mesmes paroles dont nous nous servirions si nous exprimions de bouche nos pensées.

On luy donne aussi le nom de *Dialectique* du mot Διαλέγεσθαι, qui veut dire *raisonner*, ou *discourir*; d'où vient qu'on la definit *l'Art de Bien-raisonner, de Bien-discourir*.

Il y en a qui la nomment la *Canonique*; parce qu'elle est comme une Regle qui dresse l'Entendement dans ses operations, qui luy fait eviter l'erreur, & qui le dirige à la verité qui est le but où il tend.

Or ce que nous appellons *Bien-penser* semble comprendre ces quatre operations, asçavoir Bien-imaginer; Bien-proposer; Bien-colliger ou inferer *Colligere*; Bien-ordonner.

Car pour Bien-penser il est principalement necessaire de *Bien-imaginer* chaque chose, c'est à dire de s'en former une vraye & legitime image, & par le moyen de cette image avoir la chose comme presente à l'Esprit. C'est ce qui se fait lors, par exemple, que nous pensons à un Homme, au Soleil, à quelque autre chose; car nous experimentons que les images de ces choses nous sont presentes, & que nous les regardons, pour ainsi dire, des yeux de l'Esprit. Or cette espece de regard intuitif est une pensée qu'on appelle Imagination, Notion, Conception, Perception, & Apprehension; j'entens Apprehension simple, en ce que nous *apprehendons* ou concevons simplement la chose, & sans rien en affirmer, ou nier.

Puis il faut *Bien-proposer*, c'est à dire enoncer veritablement & legitimement de chaque chose ce qu'elle est, ou ce qu'elle n'est pas, asçavoir en affirmant, c'est à dire en luy attribuāt ce qui luy convient, ou en niant, c'est à dire en luy ostant ce qui ne luy convient pas, comme lorsque nous disons, *l'Homme est un Animal*, *l'Homme n'est pas une Plante*; car nous affirmons de l'Homme qu'il est Animal, parce que cela luy convient, & nous nions qu'il soit Plante, parce que cela ne luy convient pas. Or la pensée par laquelle nous disons cela, s'appelle ordinairement Proposition, Enonciation, Jugement, &c.

En troisieme lieu il est necessaire de *Bien-colliger*, c'est à dire d'une ou de deux propositions inferer veritablement & legitimement quelque chose, comme lors qu'on dit, *l'Homme est un Animal, Tout Animal sent, Donc l'Homme sent*. Car de ce que l'on enonce *que l'Homme est un Animal, & que tout Animal sent*, l'on collige ou infere legitimement *que l'Homme sent*. Cette sorte de pensée que nous avons alors peut par consequent estre dite *Collection* du mot Latin *Collectio*; mais l'usage veut qu'on l'appelle Syllogisme, ou Raisonnement, & mesme Discours, Argumentation.

Enfin il faut *Bien-ordonner*, c'est à dire Bien-disposer, ou Bien-arranger les differentes pensées qu'on a sur un sujet, ensorte que l'on se fasse bien entendre. Cette espece de pensée s'appelle ordinairement Methode.

Puisque l'on peut donc Bien-penser en autant de manieres que nous venons de dire, & que le devoir de la Logique est de donner des Regles de Bien-penser, toutes ces Regles peuvent estre distinguées selon ces diverses manieres; si bien que la Logique semble par consequent pouvoir estre divisée en quatre Parties, dont la Premiere soit *de la Simple Imagination* ; la Seconde *de la Proposition* ; la Troisieme *du Syllogisme* ; la Quatrieme *de la Methode*.

Mais remarquons par avance, qu'encore que les Regles que nous proposerons sur chacune des Parties ne soient pas toutes comme autant de Preceptes qui prescrivent de faire quelque chose, mais souvent comme quelques Theoremes qui proposent quelque chose à considerer ; toutefois parceque ces Theoremes seront tels que l'Entendement sera aussi obligé de les avoir en veüe pour mieux diriger ses pensées, pour cette raison ils pourront aussi estre mis au nombre des Regles.

PREMIERE PARTIE.

DE LA SIMPLE IMAGINATION DES CHOSES.

NOus prenons icy le mot d'Imagination pour la pensée, ou l'action de l'Entendement qui se termine à l'image de la chose pensée, à l'image, dis-je, que l'Entendement semble regarder, & avoir, pour ainsi dire, devant ses yeux lors qu'il pense à une chose. Et cecy est à remarquer, parceque ce mot d'Imagination se prend quelquefois pour la faculté Imaginatrice qui chez quelques-uns est appellée Phantaisie, & est attribuée à la partie inferieure de l'Ame, qui est commune à l'Homme, & aux Brutes; car les Brutes imaginent aussi à leur maniere.

Elle est dite Imagination, & mesme Conception, Apprehension, Intellection, & Notion Simple de la chose;

acause que par cette action, comme j'ay deja insinué, nous imaginons purement, & simplement la chose, & que nous n'en prononçons rien qui fasse une proposition, ou un sens parfait, comme lors qu'on dit, ou que l'on conçoit, par exemple, *Homme*; car l'on n'ajoute pas en mesme temps ce que l'Homme est, ou ce qu'il n'est pas, mais l'on conçoit simplement l'Homme, & sans affirmation, ni negation.

J'ajoute toutefois, que l'on ne prononce rien qui fasse une proposition, ou un sens parfait; parceque celuy qui imagine ainsi, ou qui dit, *Homme blanc*, ou ce qui est le mesme, *l'Homme qui est blanc*, affirme veritablement quelque chose, mais c'est toutefois dans un sens imparfait, ou incomplet; car l'on attend ce qu'il veut dire de l'homme qui est blanc. D'ou vient qu'afin que ce soit l'affirmation, ou la negation qui est requise pour une proposition, il doit dire, *l'Homme blanc naist hors d'Etiopie*, ou, *l'Homme qui est blanc ne naist pas en Etiopie*.

Ainsi, lorsque quelqu'un dit seulement, ou conçoit seulement en luy-mesme, *l'Homme de bien & sage, & qui est son propre Juge*, il n'y a encore en luy qu'une simple Imagination, parce-que l'affirmation que la proposition requiert, pour que la chose soit enoncée absolument & parfaitement n'y est pas encore, comme elle y est quand on ajoute *s'examine exactement soy-mesme* : Desorte que la Simple Imagination, asçavoir comme elle est prise icy, peut de telle maniere comprendre toute la description de la chose, qu'il s'en puisse ensuite affirmer, ou nier quelque chose.

Or cette Image qui lorsque nous pensons à quelque chose est comme l'object que l'Entendement regarde, a encore plusieurs autres noms : Car elle est aussi appellée Idée, & Espece, & mesme encore Notion, en luy accordant le nom d'action, & de plus Concept, & puis Phantôme, entant qu'elle est placée dans la Phantaisie, ou dās la faculté Imaginatrice. Quant à nous, nous l'apellerons le plus souvent Idée, parceque ce terme est apresent familier & usité, & moins ambigu que les autres. Mais venons aux Regles.

REGLE I.

La simple Imagination d'une chose est telle, qu'est l'Idée qu'on a de la chose.

EN effect, nous experimentons que nous imaginons clairement, & distinctement cette chose dont nous avons une idée claire, & distincte, celle-là obscurement, & confusement dont nous avons une idée obscure, & confuse. Car nous n'imaginons pas si clairement un homme que nous n'avons veu que depuis longtemps, une seule fois, & en passant, comme celuy que nous avons veu depuis peu, fort souvent, & avec attention; parce que l'idée qui nous reste de celuy-là est tres legere, & s'evanoüit aisement, au lieu que celle qui nous est restée de celuy-cy est forte, & vive.

Ainsi une Imagination est propre, legitime, & vraye, lorsque l'idée de la chose que nous imaginons est conforme ou convient à la chose mesme, comme lorsque nous imaginons un

Cheval ayant quatre pieds,& courant; au contraire elle eſt impropre, illegitime, & fauſſe, lorſque l'idée de la choſe ne luy eſt pas conforme, comme lors que nous concevons un Cheval aiſlé, & volant, tel que l'on feint Pegaſe.

REGLE II.

Tous les Idées qu'on a dans l'Entendement tirent leur origine des Sens.

CAr la raiſon pourquoy un Aveugle-né n'a aucune idée de la couleur, n'eſt que parce qu'il eſt depourveu du Sens de la Veüe par l'entremiſe duquel il auroit pû avoir cette idée; & celuy qui eſt né Sourd n'a aucune idée du Son; parce qu'il eſt auſſi depourveu du Sens de l'Oüye par le ſecours duquel il l'auroit pû acquerir; deſorte que ſi un homme pouvoit vivre privé de tous Sens, ce qui eſt impoſſible, du moins à l'egard du Tact, qui eſt le ſeul des Sens que les Animaux ayent dans le ventre de leur mere, cet homme n'auroit l'idée d'aucune chose, & ainsi n'imagineroit rien.

C'est par consequent icy que se doit rapporter ce celebre Axiome. *Il n'y a rien dans l'Entendement qui n'ait premierement esté dans le Sens*; comme aussi ce qui se dit d'ordinaire, que *l'Entendement est une Table rase* dans laquelle il n'y a rien de gravé, ou de peint. Car ceux qui disent qu'il a des Idées imprimées par la Nature, & nullement acquises par les Sens ne prouvent point ce qu'ils disent.

REGLE III.

Toute idée passe par le Sens, ou est formée de celles qui passent par le Sens.

CEtte Regle explique ce qui se pourroit objecter contre la precedente; en ce que nous avons dans l'Entendement les Idées de certaines choses qui ne sont, ni ne peuvent estre, & qui ne peuvent par consequent ni frapper les Sens, ni transmettre leur idée par l'entremise des Sens.

Ces Idées-là sont donc dictes en premier lieu passer par les Sens, & estre imprimées dans l'Entendement, lesquelles sont de ces choses qui par soy tombent sous les Sens, comme sont celles que nous avons du Soleil, des Nuées, du Tonnerre, de la Terre, de l'Eau, des Animaux, des Plantes, des Fleurs, des Metaux, en un mot, de toutes les choses qui estant presentées au Sens sont veües, touchées, senties, &c.

Puis, des Idées qui ont passé par le Sens, & qui sont dans l'Entendement, il s'en forme de diverses idées, & en diverses manieres ; comme par Composition ; par Ampliation ; par Diminution ; par Transport.

Par Composition, comme lorsque des idées d'une Montagne, & de l'Or l'Entendement forme l'idée d'une Montagne d'Or, des idées d'un Homme, & d'un Cheval, celle d'un Centaure, des idées d'un Lion, d'un Dragon, & d'une Chevre celle d'une Chymere ; & ainsi des autres.

Par Ampliation, comme lorsque de

l'idée d'un Homme d'une grandeur ordinaire il en fait en augmentant l'idée d'un Geant.

Par Diminution, comme lorſque de l'idée d'un Homme d'une grandeur ordinaire il en fait en diminuant l'idée d'un Pygmée.

Enfin par Tranſport & Accommodation, ou par reſſemblance, & par proportion, comme lorſqu'il tranſporte, & qu'il accommode l'idée d'une Ville qu'on aura veüe à une Ville qui n'aura point eſté veüe, & qu'ainſi il ſe feint une Ville qui n'a point eſté veüe à la maniere de celle qui a eſté veüe. Ainſi celuy qui n'avoit jamais eſté à Rome ſe repreſentoit cette grande Ville comme ſemblable à la ſienne.

Vrbem quam dicunt Romam, Melibœe, putavi,
O ſtultus ego, huic noſtræ ſimilem!

Et c'eſt de cette maniere que l'Entendement, tant qu'il eſt uni au corps, a coutume de concevoir Dieu, qui ne peut point certes tomber ſous les Sens, ſous l'idée de quelque Vieillard venerable qu'on aura veu, de quelque grand Roy, de quelque Lumiere tres eclatante, ou de quelque autre choſe ſemblable qui aura frappé nos Sens, luy accommodant en quelque façon quelqu'une de ces idées.

Il s'eleve neanmoins par la raison au dessus de cette idée, & reconnoissant qu'elle ne luy convient effectivement pas, il s'en forme une plus parfaite, qu'il tasche de degager de toute imperfection, & en luy attribuant mesme, pour ainsi dire, & accommodant cette derniere espece, il reconnoit encore que quelque parfaite qu'elle soit, elle est toujours infiniment au dessous de l'idée qui repondroit veritablement & pleinement à la perfection de Dieu.

Car il ne faut pas, comme nous dirons ailleurs, confondre l'Imagination, ou pour parler ainsi, l'Intellection Intuitive, ou directe, & qui se fait par l'application seule de l'Entendement aux Phantômes ou Idées de la Phantaisie, avec l'Intellection pure que nous avons par le raisonnement, & que nous tirons par Consequence. D'où vient que ceux qui se persuadent qu'il n'y a aucune Substance incorporelle, parce qu'ils ne conçoivent rien que sous une espece ou image corporelle, se trompent en ce qu'ils ne reconnoissent pas qu'il y a une sorte d'Intelligence qui n'est pas Imagination, asçavoir celle par laquelle nous connoissons par raisonnement qu'il y a quelque autre chose outre ce qui tombe sous l'imagination.

C'estpourquoy, de mesme qu'en pensant au Soleil, outre cette grandeur d'un pied, par exemple, que nous concevons, nous connoissons qu'il y en a une autre que nostre Entendement ne sçauroit parfaitement comprendre, quelque effort qu'il puisse faire; ainsi outre cette Espece corporelle sous laquelle nous concevons Dieu toutes les fois que nous pensons à luy, nous entendons qu'il y a quelque chose, ou quelque substance incorporelle que l'Entendement avec tous ses efforts ne sçauroit jamais comprendre: Et cecy n'est point tant connoitre l'essence de la chose (puisque ce n'est pas un regard, ou une intellection intuitive, & directe) que c'est conjecturer, ou plutost inferer & connoitre par la force & par la necessité du raisonnement que la chose est.

De tout cecy il est aisé de voir que

nous ne nous departons aucunement icy de l'Opinion commune, qui tient que l'Entendement s'eleve, quoy qu'à l'occasion des Especes corporelles, à former des connoissances ou des idées purement Spirituelles, & que nous sommes bien eloignez de l'Opinion des Antropomorphites qui attribuoient simplement à Dieu la forme humaine.

Que si nous n'entreprenons pas d'expliquer comment ces Especes passent des Sens à l'Entendement; comment une Espece corporelle excite, invite, determine une puissance Spirituelle à agir, & de quelle maniere l'Entendement se prend à faire cette espece de Composition, Ampliation, Diminution, & Transport ou Accomodation d'especes; ce sont des choses qui surpassent la portée de l'Esprit humain: Il n'est pas plus aisé d'expliquer comment une Espece se spiritualise, selon quelques Theologiens, en passant des Sens à l'Entendement; & nous n'en sommes pas moins en droit de soutenir, conformement à l'Experience, à la Raison, & à l'Authorité des Anciens, & des Modernes tant Philosophes que Theologiens, que les Especes passent des Sens à l'Entendement, de quelque maniere que cela se fasse ; & que toute Idée, quelle qu'elle puisse estre, soit du Oüy, soit du Non, soit de Dieu, soit de la Pensée, ou de ce qu'il vous plaira, tire son origine des Sens, conformement à cet Axiome incontestable que nous avons deja rapporté. *Il n'y a rien dans l'Entendement qui n'ait esté premierement ou originairement dans le Sens.*

REGLE IV.

Toute Idée qui passe par le Sens est singuliere ; & c'est l'Entendement qui de plusieurs Idées singulieres qui se ressemblent, en fait une generale.

CAr, toutes les choses qui sont au Monde, & qui peuvent tomber sous les Sens, estant singulieres, comme Socrate, Bucefale, cette Pierre, cette Herbe, &c. il n'est certes pas possible que les idées qui de ces choses passent à l'Entendement, ne soient singulieres.

Or lorſque l'Entendement en a pluſieurs de ſemblables, il en forme une generale, & ce en deux façons; l'une en aſſemblant, & l'autre en faiſant abſtraction.

Car de la premiere maniere, l'Entendement choiſiſſant, pour ainſi dire, & mettant à part les idées ſemblables, il en fait un Amas, lequel ainsi les contenant toutes, devient l'Idée de toutes, & eſt par conſequent dit Univerſel, & Commun, & General; & eſt meſme ſous un nom commun appellé Genre.

Tel eſt, par exemple, l'Amas des Idées de Socrate, de Platon, d'Ariſtote, & de tous les autres ſemblables, lequel Amas acauſe du nom commun d'Homme accommodé à chaque particulier, eſt dit *le Genre des Hommes.* Et ainſi l'on dit auſſi le Genre des Chevaux, le Genre des Lions, &c.

Quant à la ſeconde maniere; comme ces ideés ſingulieres qui ſont ſemblables, ou qui convienent entre elles en quelque choſe, out auſſi pluſieurs differences par quoy elles diſconvienent ou ſont diſſemblables, pour cette raiſon l'Entendement conſiderant à part, & comme tirant par consequent de toutes ce en quoy elles convienent toutes, & tirant, ou ne considerant point leurs differences, ou ce par quoy elles different entre elles, pour cette raison, dis-je, l'Entendement tient, & considere ce qui a esté ainsi tiré ou abstraict, & qui n'a rien que de commun, pour une Idée Commune, Universelle, Generale, & qui est aussi dite Genre.

Car, par exemple, lorsque l'Entendement prend garde que ces mesmes idées de Socrate, de Platon, & d'Aristote conviennent, & se ressemblent en ce que chacune d'elles represente un Animal qui a deux pieds, qui a la face elevée en haut, qui raisonne, qui rit, qui est capable de discipline, &c. il met cela à part ou fait une espece d'abstraction de cela (à sçavoir d'estre un Animal à deux pieds, d'avoir la face elevée, d'estre raisonnable, &c.) & il en fait une Idée qui est depoüillée de toutes les differences particulieres (comme, par exemple, de ce que l'un soit fils de Sophronisque, l'autre d'Ariston, l'autre de Nicomaque, que celuy-cy soit vieux, celuy-là jeune, cet autre camus, cet autre à larges epaules) & il tient derechef cette Idée pour l'Idée universelle ou generale de l'Homme, en ce qu'elle represente, non pas celuy-cy, ou celuy-là, ou un autre specialement, mais generalement, ou communement l'Homme.

REGLE V.

Les Idées qui sont plus generales, se font aussi de mesme de moins generales.

CAr il est constant En la premiere maniere, ou en assemblant, que des Amas (ou Idées generales) des Hommes, des Chevaux, des Lions, &c. il s'en fait l'Amas (ou Idée) plus general des Animaux : Que des Amas des Animaux, & des Plantes (comme des Herbes, & des Arbres) il s'en fait encore l'Amas plus general des Choses Vivantes : Que des Amas des Choses Vivantes, & des Choses Inanimées (comme des Pierres, & des Metaux) il s'en fait derechef celuy des Corps qui est plus general : Que des Amas des Choses Corporelles, & des Incorporelles (comme sont Dieu, & les Anges) il s'en fait encore un plus general, asçavoir celuy des Substances : Qu'enfin des Amas des Substances, & des Adjoints qu'on appelle aussi Accidens (comme sont la Grandeur, la Couleur, &c.) il s'en fait l'Amas (ou Idée) le plus general de tous, sçavoir celuy des Estres ou Choses.

En la seconde maniere, ou en faisant Abstraction, apres que l'Entendement a formé par cette premiere Abstraction les Idées generales de l'Homme, du Cheval, du Lion, du Taureau, &c. alors considerant qu'elles conviennent en quelque chose, qu'elles different en autre chose (qu'elles conviennent, par exemple, en ce que chacune represente le corps qui sent qu'elles different en ce que l'une represente ce qui rit, l'autre ce qui hannit, l'autre ce qui rugit, l'autre ce qui mugit, &c.) pour cette raison il tire ou laisse tout ce en quoy elles different, & ne prenant que ce en quoy elles conviennent, qui est d'estre un Corps qui sent, que dans un seul mot on appelle Animal, il en fait une Idée plus generale que les autres Idées.

De même les Idées generales des Herbes, & des Arbres ayant premierement esté formées & prises de l'Idée plus generale de la Plante, lorsque l'Entendement cōsidere que les Idées de l'Animal, & de la Plante conviennent en ce que l'une & l'autre represente le Corps Vegetable, & qu'elles different en ce que celle-là represente le Corps doüé de sentiment, & celle-cy le Corps privé de sentiment; cela fait que separant la difference, & prenant le reste, asçavoir le Corps Vegetable qu'on appelle en un seul mot Vivant, il en fait l'Idée du Vivant, qui est encore plus generale que l'une & l'autre.

Ainsi l'Idée encore plus generale du Corps est formée de celle qui est du Vivant, & du Non-vivant, comme sont les Pierres : l'Idée de la Substance encore plus generale, de celle qui est du Corps, & de l'Incorporel, comme l'Ange : Enfin de celle de l'Estre ou Chose, la plus generale de toutes, de celles qui sont de la Substance, & de l'Adjoint ou Accident tel qu'est la Couleur.

REGLE VI.

Il est bon d'avoir en sa memoire une certaine suite d'Idées (ou des choses dont elles sont les Idées) à prendre depuis les Singulieres ou Specialissimes, *jusques à la* Generalissime.

CAr cela donne une lumiere à l'Entendement, & d'une Suite il apprend les autres, & evite la confusion qui l'offusque souvent en imaginant, definissant, divisant, & disant les choses.

Telle est la Suite que Porphyre fait depuis Socrate jusques à la Substance, & que nous avions aussi presentement en veüe dans les Regles precedentes; si ce n'est que Porphire s'estant arresté dans la Suite, ou, pour parler avec Aristote, dans la Categorie des Substances, nous l'avons elevée d'un degré, pour faire la Suite ou Categorie des Estres ou Choses.

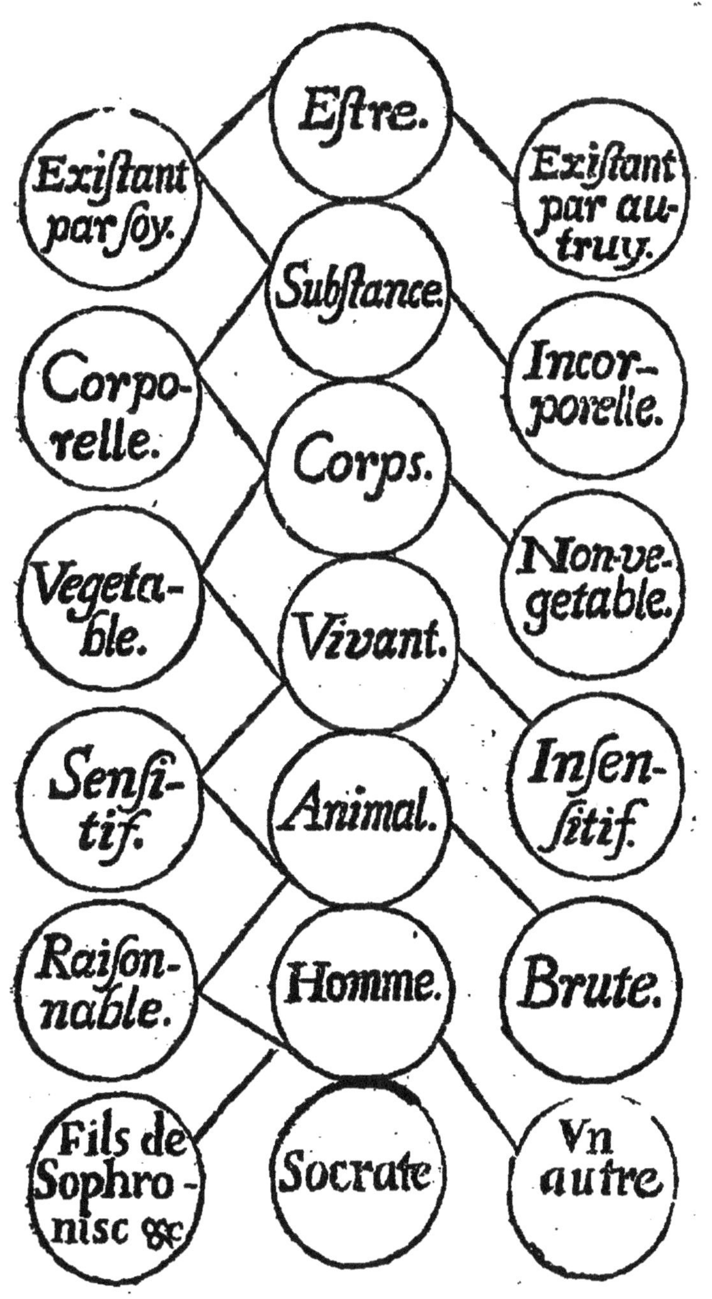

Or il faut remarquer les differences qui

qui ſont de part & d'autre ; car les premieres qui ſont à la gauche, ſont celles qu'en tirant ou ſeparant de Socrate, nous parvenons à l'Eſtre, & qu'en raſſemblant nous deſcendons de l'Eſtre à Socrate. Car l'Eſtre par ſoy eſt la Subſtance meſme ; la Subſtance doüée de Maſſe ou corporelle eſt le Corps ; le Corps Vegetable le Vivant; le Vivant doüé de ſentiment l'Animal ; l'Animal raiſonable l'Homme ; cet Homme, par exemple le Fils de Sophroniſque, le Maiſtre de Platon, &c. Socrate.

Quant à celles qui ſont à la droite, & oppoſées aux premieres, l'on en pourroit faire autant de Suites ou d'Amas que des autres. Car de meſme que *l'Eſtre exiſtant par ſoy* contient toutes les Subſtances, ainſi *l'Eſtre exiſtant par un autre* contient tous les Adjoints ou Accidens ; & de meſme que la Subſtance doüée de maſſe contient tous les Corps, ainſi la Subſtance depourveuë de maſſe contient toutes les choſes incorporelles, & ainſi des autres.

Or comme tout ce qui contient ainſi pluſieurs choſes eſt Genre, & que les choſes contenuës ſont ſes Eſpeces, il eſt conſtant que l'Eſtre ou

Chose est le plus haut, ou le Generalissime Genre, parce qu'il contient tout, & que rien ne le contient; & il est de telle maniere Genre qu'il n'est point Espece; au contraire Socrate est la plus basse ou la Specialissime Espece, parce qu'il est contenu, & ne contient point, & qu'il est de telle maniere Espece qu'il n'est point Genre; & pour ce qui est de ceux du milieu qui sont entre-deux, ils sont alternativement Genres, & Especes, parce qu'ils contiennent, & sont contenus; car l'Homme, par exemple, est Genre au regard de Socrate qu'il contient, & Espece au regard de l'Animal sous lequel il est contenu; & de mesme l'Animal est Genre de l'Homme, & Espece du Vivant, & ainsi des autres.

Que si Porphyre ne fait pas l'Homme Genre, mais Espece Specialissime, cela ne doit pas nous arrester; car il fait cela contre l'usage de tous les Autheurs receus, & approuvez, Ciceron, Seneque, Quintilian, Martian, & autres, qui appellent l'Homme Genre, Stichus & Pamphilus des Especes de l'Homme.

Si vous demandez pourquoy chez

Porphyre, & chez Ariſtote les Singuliers ſont dits *individus*, *& differens en nombre* ; la raiſon du premier eſt, que les Singuliers ne ſe peuvent pas diviſer comme ce qui eſt au deſſus d'eux. Car nous avons bien diviſé l'Eſtre en Eſtre par ſoy, & en Eſtre qui ſubſiſte par autruy, la Subſtance en celle qui eſt douée de maſſe ou Corporelle, & en celle qui eſt ſans maſſe ou Incorporelle, & ainſi de ſuite, juſques-à ce que nous avons diviſé l'Homme en celuy-cy, & en celuy-là, en Socrate, par exemple, en Platon, & autres ; mais on ne peut pas de meſme diviſer Socrate. La raiſon du ſecond eſt, qu'il en eſt des Singuliers comme des choſes qu'on nombre, & qu'on indique comme ſi on les montroit avec le doigt, lors qu'on dit celuy-cy, celuy-là, cet autre-là, &c.

REGLE VII.

Vne Idée singuliere est d'autant plus parfaite qu'elle represente plus de Parties, & plus d'Adjoints ou Accidens de la chose.

CAr comme une Idée, pour estre parfaite, doit representer la chose telle qu'elle est, & qu'une chose singuliere, telle qu'est un corps qui tombe sous le Sens, est non seulement un Tout comme est l'Homme, composé de ses parties, d'une teste, d'un tronc, de bras, de jambes, & autres moindres parties dont celles-là sont formées; mais aussi un Sujet, comme est ce mesme Homme, doüé de ses adjoints, ou perfections, proprietez, & qualitez, à sçavoir de grandeur, de forme, de couleur, de force, d'Esprit, de memoire, de vertu, de sagesse, &c. il est certes evident que son idée sera d'autant plus parfaite qu'elle representera un plus grand nombre de ses parties, & un plus grand nombre de ses adjoints.

Auſſi eſt-ce pour cela que l'on doit ſur tout eſtimer l'Anatomie, la Chymie, & les autres Arts qui nous ſeparent, & nous decouvrent plus de parties qu'il n'en paroit d'ordinaire, & qui font par conſequent que nous acquerons des idées plus parfaites.

Remarquez par conſequent icy que chaque partie ſinguliere a auſſi ſon idée, qui à l'egard de la totale peut eſtre dite partiale, & totale à l'egard des autres plus petites; car la teſte qui eſt partie de l'Homme, eſt un tout à l'egard de la face, la face un tout à l'egard de l'œil, l'œil à l'egard de la prunelle, &c.

Remarquez auſſi, que les Adjoints ou proprietez, & qualitez, ont pareillement leurs idées entant que ces qualitez ſont exprimées par des noms abſtraits, lorſqu'on les conſidere comme ſeparées de leurs ſujects, qui ſont d'ordinaire exprimez par des noms concrets. Ainſi nous n'avons pas ſeulement l'idée du ſujet blanc, ou du ſujet juſte, mais ſeparement encore de la blancheur, ou de la juſtice, & ainſi des autres.

REGLE VIII.

Une Idée generale est d'autant plus parfaite qu'elle est plus complete, & qu'elle represente plus purement ce en quoy les singuliers conviennent.

CAr comme elle est dite generale, premierement par assemblage, en ce que c'est un Amas qui contient toutes celles qui sont de mesme Genre; elle sera sans doute d'autant plus parfaite, & plus complete qu'il luy en manquera moins. Ainsi si quelqu'un dans l'idée qu'il a des Hommes, comprend non seulement les Européens, les Africains, & les Asiatiques, mais aussi les Americains, il aura cette idée plus parfaite, que si à la façon des Anciens il n'y comprenoit que les seuls Européens, Africains, & Asiatiques.

Il n'y a veritablement pas lieu d'esperer de connoitre tous les singuliers de la plusspart des Genres, veu qu'ils ſont preſque infinis, ou innombrables ; mais il faut du moins donner ordre qu'ils ſoiét reduits à de certains Chefs, ou à de certains Amas plus petits ; comme ſi ayant diſtingué le Genre des Hommes par Nations, & par Provinces, nous taſchons de connoitre autant qu'il eſt poſſible ce qui eſt de propre à un chacun.

Comme elle eſt auſſi dite Generale par Abſtraction, en ce qu'elle eſt comme choiſie pour repreſenter quelque choſe de commun à tous les Singuliers, il eſt conſtant que ſi elle a quelque choſe de meſlé qui ne convienne pas à tous, elle en ſera d'autant moins generale, & par conſequent moins parfaite. Telle ſeroit l'idée de l'Homme qui repreſenteroit un Animal ayant quatre coudées de hauteur, le viſage blanc, le nez droit, &c. Car toutes ces qualitez, & autres de la ſorte ſont propres & particulieres à quelques Hommes, & ne ſont pas communes à tous.

Il eſt vray qu'il eſt difficile, pour ne dire pas impoſſible, d'imaginer l'Homme tellement en commun, qu'il ne ſoit ni grand, ni petit, ni de mediocre ſtature ; ou qu'il ne ſoit ni vieux, ni jeune, ni de moyen âge ; ou ſi vous voulez, qu'il ne ſoit ni blanc , ni noir, ni d'aucune autre couleur particuliere : Mais il faut au moins retenir en ſa memoire , que l'Homme qu'on veut eſtre conſideré en commun , doit eſtre depoüillé de toutes ces differences.

REGLE IX.

L'on acquiert une Idée ou par ſa propre experience, ou par l'enſeignement d'autruy.

EN effet, ou les choſes ſont preſentes , ou elles ſont abſentes de lieu, de temps,ou de l'une & de l'autre maniere.

Et ſi elles ſont preſentes,alors nousnous ſervons de nos propres Sens pour experimenter quelles elles ſont ; car par la Veüe nous connoiſſons la couleur de chacune en particulier,ſa grandeur , ſa figure , le nombre , le repos, le mouvement, la jonction , la ſeparation , l'intervalle , &c. par l'Oüye le Son , par l'Odorat l'Odeur , par le

Goust la Saveur, par le Tact certaines choses que nous connoissons déja par la Veüe, & de plus la polissure, l'aspreté, la molesse, la dureté, la secheresse, la chaleur, la froideur, &c.

Si elles sont absentes en quelqu'une des manieres susdites, nous apprenons d'autruy quelles elles sont, ou ont esté; soit en ecoutant ce qui s'en dit, soit en lisant ce qui en aura esté ecrit. Car de l'une & de l'autre façon nous-nous formons dans l'Entendement des Idées des choses oüyes, ou leües, à la maniere de celles que nous avons veües, goustées, flairées, touchées; & ce d'autant plus si l'on y ajoûte le geste, la peinture, ou quelque autre chose qui nous exprime mieux la chose.

REGLE X.

L'Idée qu'on acquiert par ses propres Sens, est plus parfaite que celle qu'on forme sur la description qu'on nous fait.

CAr l'Idée qu'on reçoit d'une chose qui tombe sous le Sens, est l'idée de la chose mesme ; au lieu que celle qui est formée sur le rapport d'autruy, n'est point tant l'idée de la chose mesme, que celle d'une autre precedemment connuë à la maniere de laquelle elle est conceüe, & dont l'idée est par consequent accommodée pour en quelque façon la representer.

De là vient qu'apres avoir entendu, ou leu quelque chose, il demeure veritablement en nous une idée sur laquelle jettant les yeux de l'Esprit nous pouvons parler, entendre parler, & raisonner de cette mesme chose ; mais il arrive neanmoins que si la chose nous devient presente, nous trouvons alors qu'elle n'est pas precisement telle que nous l'avions imaginée : Si bien que ce n'est pas sans raison que cecy s'est rendu celebre, que les choses que nous entendons font bien moins d'impression sur nostre Esprit que celles que nous voyons.

Segniùs irritant animos demissa per aures,
Quàm quæ sunt oculis commissa fidelibus.

REGLE XI.

Il faut toutefois se donner de garde que l'experience des propres Sens n'impose en quelque chose.

CAr souvent les choses qui sont connuës par les Sens paroissent autres, ou d'une autre maniere qu'elles ne sont en elles-mesmes ou en effect: L'Oripeau, par exemple, paroit Or, quoy que ce ne soit que du Cuivre; une Tour veüe de loin paroit ronde, quoy qu'elle soit quarrée; un Baston qui est en partie dans l'air, & en partie dans l'eau paroit courbe, quoy qu'il soit droit en soy. C'est pourquoy, comme les Idées de ces sortes d'objects qui sont imprimées à la premiere veüe peuvent aisement imposer, il faut soigneusement examiner si la chose est telle qu'elle paroit, afin d'en pouvoir avoir une vraye, & indubitable idée.

De là vient que pour eprouver, par exemple, si l'Oripeau est effectivement ce qu'il paroit, si la Tour est ronde, & si le Baston est courbe, nous-nous servons de la Pierre-de-touche, nous-nous approchons plus prés de la Tour, & nous tirons le Baston de l'eau.

Car bien que l'experience qui se fait par les Sens soit la souveraine Regle à laquelle il faut avoir recours quand on est en doute de quelque chose; neanmoins toute experience des Sens ne doit pas estre censée telle, mais seulement celle qui se fait avec toutes les circonspections possibles, & qui est par consequent indubitable, & evidente.

REGLE XII.

Il faut encore se donner de garde que le Temperament, la Passion, la Coutume, ou quelque Prejugé ne nous impose.

CAr un chacun reçoit aisement les Idées des choses selon qu'il est disposé, ou conformement à son temperament, & ces idées peuvent estre censées fausses, soit que ce temperament soit naturel, ce qui fait qu'un Homme qui de naissance ne boit point de vin, a l'idée du vin comme desagreable au goust, soit qu'il ait esté changé par l'âge, par la maladie, ou par quelque autre accident ; d'ou vient que quand nous sommes avancez en âge, malades, chauds, affamez, nous avons des idées des choses comme plaisantes, ou comme douloureuses qui sont differentes de celles que nous avons estant jeunes, sains, froids, rassasiez.

L'on se forme aussi aisément des Idées selon sa Passion, ou selon qu'on est affecté ; ainsi les Amans se representent les taches de celles qu'ils aiment comme des graces, & les graces de celles qu'ils haissent comme des taches.

Il en est le mesme de la Coûtume ; car une idée qui aura premierement representé une chose comme amere au goust, la represente enfin comme douce par l'usage & par la coûtume : Et c'est par cette raison que nous tenons plutost pour vraye, & pour legitime l'idée que nous avons de la Coûtume de nostre Païs natal, que celle du Païs etranger ; quoy qu'il y ait peutestre sujet de preferer la Coûtume etrangere à la naturelle.

Enfin il est aisé de se laisser aller à former des Idées conformement aux Opinions dont on est prevenu : Car c'est pour cela que celuy qui se sera une fois persuadé qu'il n'y a point d'Antipodes, tiendra l'idée des Antipodes pour fausse, & n'admettra point que le Ciel leur puisse estre directement sur la teste, comme à nous.

C'estpourquoy lors qu'il s'agit d'avoir une idée legitime d'une chose, il faut soigneusement prendre garde que nous ne nous laissions imposer en rien du costé de ces Chefs, ou autres semblables ; & il faut tascher que nous estant depoüillez de toute preoccupation, nostre Entendement devienne indifferent, & libre à examiner, & à choisir quelle idée il doit tenir pour legitime.

REGLE XIII.

Il faut pareillement se donner de garde que l'Authorité de celuy qui nous fait la description de quelque chose ne nous impose.

CAr on voit souvent des personnes, & qui passent mesme pour graves & dignes de foy, qui pour de certaines considerations deguisent les choses, & racontent des prodiges qu'ils n'auront point veus, quoy que s'ils sont moins meschants, mais credules, ils s'imaginent quelquefois de les avoir veus, ou ne doutent point de la bonne foy des autres qui croyent les avoir veus.

Aussi arrive-t'il souvent qu'on ne croit enfin pas davantage à ce qu'ils disent qu'à ces Anciens quand ils nous racontent qu'il y a des hommes qui se servent de leurs oreilles pendantes jusqu'aux pieds comme d'un tapis pour se coucher ; qu'il y en a d'autres dont les pieds sont tellement larges qu'ils leur ſervent de Paraſol quand ils ſont couchez à la renverſe ; d'autres qui ſont ſans teſte, & qui ont les yeux entre les deux epaules, & ainſi de pluſieurs antres prodiges de la ſorte que les dernieres Navigations n'ont point découvért, & dont les idées doivent par conſequent eſtre tenuës pour fauſſes, & fabuleuſes.

C'eſtpourquoy, comme il y a ſi peu de gens qui ſoient incapables d'eſtre trompez, & de tromper, il ne faut pas legerement ajouter foy à toutes ſortes de perſonne, & à toutes ſortes de contes, de quelque maniere qu'on les faſſe, mais nous ne nous devons fier qu'à ces perſonnes dont la penetration d'Eſprit, & la ſincerité nous eſt connuë ; d'autant plus, comme dit Montagne, *Que la verité, & le menſonge ont leurs viſages conformes, & qu'entre ceux qui ont eſté abreuvez les premiers du commencement de quelque etrangeté, on en voit pluſieurs qui ſentant par les oppoſitions qu'on leur fait lors qu'ils ſement leur hiſtoire, où loge la difficulté de la perſuaſion, vont calfeutrant cet endroit de quelque piece fauſſe, ce baſtiment s'etoffant, & ſe formant de main en main, de maniere que le plus eloigné temoin en est mieux instruit que le plus voisin, & le dernier informé mieux persuadé que le premier, l'erreur particuliere ayant premierement fait l'erreur publique, & à son tour apres l'erreur publique faisant l'erreur particuliere.* Ce qui nous fait bien voir que ce n'est pas sans raison qu'Epicharme a dit, *que les nerfs de la Sagesse estoient de ne rien croire temerairement.*

REGLE XIV.

On doit aussi estre sur ses gardes à l'egard des mots Ambigus, & des façons de parler figurées.

CAr il est evident que si le nom qu'on impose à une chose est Ambigu, & qu'ainsi il signifie diverses choses, il peut arriver que l'entendant prononcer, nous formions sous une de ses significations une idée qui nous represente une autre chose que celle dont il est question. Ainsi l'on sçait comment Pyrrus, & Cresus furent trompez par l'Ambiguité des Oracles ; & il est certain que la plus part des

Sophiſmes, & des diſputes d'Ecole proviennent de là; car il y a preſque toujours quelque Equivoque ou dans le Mot, ou dans la Phraſe; de ſorte que l'un en forme une idée d'une maniere, & l'autre d'une autre.

Il eſt de meſme evident que ſi la maniere de parler eſt figurée, ou hyperbolique, l'on ſe forme une idée qui ne quadre point à la choſe; parce qu'elle la repreſente ou plus grande, ou plus petite qu'il ne faut; comme lorſque l'on fait de ces deſcriptions propres à faire imaginer un Elephant pour une Puce, ou une Puce pour un Elephant, & autres de la ſorte.

REGLE XV.

Telle qu'eſt l'Idée d'une choſe, telle eſt la definition qu'on en donne.

CAr toutes les fois qu'on nous prie, ou que nous avons envie d'expliquer la nature d'une choſe, nous regardons auſſitoſt à l'idée que nous en avons, & ſur cette idée nous la deffiniſſons, ou en faiſons la deſcription;

desorte que selon que l'idée la represente plus ou moins parfaitement, la definition, c'est à dire l'Oraison par laquelle nous expliquons sa nature, ou son l'essence, est plus ou moins exacte.

Or comme la definition d'une chose doit estre composée de son Genre, & de sa Difference, il n'y a veritablement pas grande peine à reconnoitre le Genre; car la Suite, ou l'Amas dans lequel une chose est contenuë se trouve aisement; mais il est souvent difficile de decouvrir sa Difference, ou ce qui la distingue de toute autre chose.

Ainsi, encore qu'il soit aisé à celuy qui recherche ce que c'est que l'Homme, de trouver cet Amas de choses dans lequel est le Genre prochain qui contient l'Homme, à sçavoir *Animal*, & que d'ailleurs *Raisonnable* se presente d'abord à l'Esprit, il ne laisse pas neanmoins d'y avoir quelque difficulté à l'egard de la Difference. D'où vient qu'acause que les Anciens estoient persuadez que Dieu estoit aussi un Animal raisonnable, Porphyre a crû qu'il falloit ajoûter à la definition ce mot de *Mortel*, afin qu'il y euſt quelque choſe par quoy l'Homme fuſt different de Dieu ; & parceque pluſieurs eſtiment que les Beſtes qui ſont mortelles raiſonnent auſſi, ou ſont raiſonnables, quelques-uns pour cette raiſon ont ajoûté, *Capable de rire* ; en ſorte que la definition entiere & parfaite ſoit, *Animal raiſonnable, mortel, capable de rire*.

De meſme, l'on dit de Platon, qu'ayant conceu une idée de l'Homme ſelon laquelle il le definiſſoit *Vn Animal à deux pieds*, & voyant que cela ne ſuffiſoit pas parceque les Oyſeaux ont pareillement deux pieds, il ajoûta, *Sans plumes*, & qu'en ſuite lors qu'on luy eut fait l'objection du Cocq plumé, il ajoûta encore *A larges ongles*.

L'on doit icy remarquer que c'eſt proprement l'Eſpece qui eſt definie, d'autant que c'eſt elle à qui il convient d'avoir un Genre, & une Difference, & qu'ainſi l'Individu, comme il eſt auſſi Eſpece, aſcavoir la plus baſſe, peut auſſi eſtre definy ; d'où vient qu'il faut proceder de meſme à l'egard de Socrate, par exemple, qu'à l'egard de l'Homme ; & s'il ne ſuffit pas d'avoir dit qu'il est *Homme*, ou *Philosophe Athenien*, il faut ajoûter *Fils de Sophronisque*, & si cela n'est pas suffisant, acause que Sophronisque a peutestre plusieurs fils, on ajoûtera *Maistre de Platon*; & si par hazard Platon a plusieurs Maistres, il faut ajoûter *Qui a esté fait mourir par la Cigue, &c.* poursuivant ainsi, selon le precepte de Ciceron, jusques à ce qu'il se trouve une proprieté qui ne puisse estre transportée à aucune autre chose.

REGLE XVI.

La Division d'une chose en Especes, en Parties, & en Adjoints se fait conformement à l'Idée qu'on en a.

CAr toutes les fois qu'une Idée represente quelque chose ou comme Genre, ou comme Tout, ou comme Sujet, elle la represente ou comme Contenante des Especes, ou comme Composée de Parties, ou comme le Soûtien, & le Sujet de certains Adjoints: C'estpourquoy selon que l'Idée est ou plus, ou moins parfaite, la division du Genre en Especes, du Tout en Parties, du Suject en Adjoints se peut faire plus ou moins parfaitement.

Il faut seulement remarquer à l'egard de la division du Genre ce que nous avons deja touché plus haut, asçavoir qu'il se peut faire que la multitude des Especes soit si grande qu'on ne puisse pas en faire le denombrement de toutes en particulier; & qu'ainsi les singulieres ou moins generales doivent estre reduites aux plus generales,& celles-cy encore à de plus generales, jusques à ce qu'il y en ait tres peu, lesquelles contiennent toutes les autres, & soient aisées à conter: Car on pourra alors aisement diviser le Genre en ces Especes, & sousdiviser ensuite ces Especes tant qu'il sera besoin.

Ainsi ayant reduit le Genre, ou l'innombrable multitude des Hommes en Européens, Asiatiques, Africains, & Americains, il est evident qu'on le peut encore sousdiviser en sorte qu'on puisse dire entre les Européens les uns sont François, les autres Espagnols, les autres Anglois, les autres Allemans, &c. faisant le denombrement des Nations qui puissent derechef estre distribuées en Provinces, en Citez, & si vous voulez, en Familles. Il en est le mesme du Genre des Animaux; quand il aura esté reduit en Especes generalissimes, on le pourra diviser de telle sorte qu'on dise, entre les Animaux les uns sont Marchans, les autres Volans, les autres Nageans, les autres Rampans, &c. Et derechef, entre les Animaux marchans les uns sont à deux pieds, les autres à quatre, & de ceux qui sont à quatre, les uns ont le pied tout continu, les autres fourchu, &c.

On doit presque dire la mesme chose du Tout qu'on appelle d'ordinaire Integrant, parce qu'il est composé de parties qu'on appelle Integrantes. Car il se peut faire que les petites particules dont ces parties sont composées soient innombrables; d'ou vient qu'il est de mesme necessaire de les teduire à de certaines parties plus grandes qu'on appelle des membres, & ainsi l'on pourra proceder de cette sorte. Entre les parties de l'Homme, l'une est la Teste, l'autre la Poitrine, l'autre le

Bras, l'autre la Cuisse, &c. Et derechef entre les parties de la Teste, les unes sont Externes & Anterieures comme sont les yeux, le front, le nez, &c. & les autres Internes.

Or ce genre de Tout est appellé Integrant, non seulement à la difference du Genre que quelques-uns appellent Tout Potentiel, mais encore à la difference de l'Espece qu'ils appellent Tout Essentiel comme estant composé de parties appellées essentielles qu'il disent estre ou Metaphysiques, comme le Genre, & la Difference dont on traite en Metaphysique, ou Physiques comme la Matiere & la Forme dont on traite en Physique. l'Homme pris de la premiere maniere, c'est à dire comme Tout Essentiel Metaphysique est composé d'Animal, & de Raisonnable, & le mesme Homme pris de la derniere maniere, je veux dire comme un Tout Essentiel Physique est composé de Corps, & d'Ame.

Le mesme enfin se doit dire du Suject, ascavoir que les Adjoincts peuvent estre en si grand nombre, qu'ils doivent pareillement estre reduits à certains Chefs principaux, & estre

soufdivi

soufdivisez selon ces Chefs ; comme si l'on dit, par exemple, qu'entre les Adjoincts de l'Homme les uns sont du Corps, les autres de l'Esprit ; que ceux du Corps sont la taille, la force, la santé, la beauté, &c. ceux de l'Esprit diverses Facultez & Habitudes des Arts, des Sciences, des Vertus dont on fasse ensuite le denombrement.

Nous avons dit plus haut que les Adjoincts sont ce que plusieurs appellent Accidens. Nous avons aussi marqué qu'ils peuvent estre appellez Qualitez, entant qu'on s'en sert pour repondre à la Question qu'on fait, quelle est la chose ; & c'est en cette consideration que la Quantité ou Grandeur est une espece de Qualité ; car si l'on demande quel est un tel, entre les autres reponses qu'on fait d'ordinaire, on peut considerer sa taille, & dire qu'il est d'une telle, ou d'une telle grandeur.

Je passe sous silence que toute Qualité est ou Naturelle, & inseparable du Sujet, comme la Blancheur à l'egard du Cygne ; ou Etrangere, & separable, comme la Blancheur à l'egard de la muraille. Deplus, que la Naturelle & inseparable est ou Propre, ou Commune: La Propre est celle qui convient seulement à une Espece de quelque Genre, comme à l'Homme la faculté de raisonner, ou de rire; au Cheval celle de hannir; au Lion celle de rugir, & ainsi des autres especes d'Animaux; car c'est cette espece de qualité qu'on appelle d'ordinaire Proprieté, & Difference tres propre, comme estant celle qui seule fait qu'une Espece differe de toutes les autres: La Commune est celle qui convient ou à toutes les Especes, comme la faculté de sentir à l'Homme, au Cheval, &c. ou à quelques-unes seulement, comme celle d'avoir deux pieds à l'Homme, & aux Oyseaux; d'estre blanc au Cygne, au Pigeon, & à quelques autres.

REGLE XVII.

L'Idée d'une chose fait connoitre ses Relations, ou le rapport qu'elle a à d'autres choses.

CAr l'Idée de chaque chose ne nous fait pas seulement connoitre quelle est la chose en soy, ou absolument, mais aussi quelle elle est comparativement à une autre. Ainsi de l'Idée de l'Homme l'on n'entend pas seulement qu'il est en soy & absolument un Animal raisonnable, mais deplus qu'il est Genre au regard des Especes, Tout au regard des Parties, Sujet au regard des Adjoincts, & cela acause que l'on conçoit que les Especes, les Parties, les Adjoincts, se rapportent reciproquement au Genre, au Tout, au Sujet.

Mais cecy se peut reconnoitre plus generalement dans la diversité des noms qui se donnent à chaque chose : Car outre le nom propre ou *Appellatif* qui est premierement imposé pour signifier absolument la chose, comme ſont les noms de Socrate, d'Homme, d'Animal, il y en a une infinité de Relatifs par leſquels la meſme choſe eſt deſignée conjointement avec le rapport qu'elle a; & de ces noms les uns ſont *Subſtantifs*, comme celuy par lequel Socrate eſt dit Fils, les autres *Adjectifs*, ſoit au Poſitif, ou au Comparatif, ou au Superlatif, comme ceux par leſquels il eſt dit ſemblable, plus ſage, tres ſage; les uns *Participes*, aſcavoir ceux qui marquent l'Action, ou la Paſſion, comme ceux par leſquels il eſt dit aimant, ou aimé.

Cela fait qu'il y a une infinité de Relatifs, leſquels ont fondement dans l'Action, & dans la Paſſion. Les plus generaux ſont, la Cauſe qui produit, & l'Effect qui eſt produit, comme l'Artiſan qui fait, l'Ouvrage qui eſt fait, le Pere qui engendre, le Fils qui eſt engendré; à quoy ſe rapportent par conſequent le Maiſtre qui enſeigne, le Diſciple qui eſt enſeigné, le Seigneur qui commande, le Serviteur qui obeit, & de meſme maniere le Mobile, & la choſe Meüe, ce qui Echauffe, & ce qui eſt Echauffé, &c.

Il y a encore d'autres Chefs d'où ſe

prenent les Relations. Le plus commun est la Convenance, & la Disconvenance ; car toutes les choses qui conviennent en qualité sont dites Semblables, celles qui disconviennent Dissemblables, comme toutes celles qui conviennent en mesure sont dites Egales, celles qui disconviennent Inegales ; à quoy se rapportent celles qui sont dites le Double, le Triple, &c. Or il est à remarquer à l'egard des Dissemblables, que s'ils sont extremement opposez, comme le Blanc & le Noir, on les appelle Contraires, s'ils ne le sont pas tout à fait, comme le Blanc & le Rouge, on les nomme Divers *disparata*, & ce nom se donne encore à toutes les choses qui sont de Genres differens & tres eloignez, comme sont l'Homme, & la Plante, l'Animal, & la Pierre.

Je passe sous silence les autres qui sont comparez entre eux, ou à l'egard du Lieu, comme plus Haut, plus Bas, Anterieur, Posterieur, Droit, Gauche, Interieur, Exterieur, Proche, Eloigné ; ou à l'egard du Temps, comme de Jour, de Nuit, Passé, Avenir, Vieux, Nouveau, de Durée, Momentanée ; ou à l'egard de l'Ordre, comme Premier, Second, Devant, Derriere, Antecedent, Consequent ; ou à l'egard de l'Usage, comme Propre, Inepte, Utile, Nuisible, &c. & ainsi d'une infinité d'autres.

REGLE XVIII.

L'On est d'autant plus Sçavant, qu'on a les Idées d'un plus grand nombre de choses, & que ces Idées sont plus parfaites.

EN effet, tout ce qui se sçait d'une chose, cela est contenu dans son Idée, ce qui fait que la Science est d'autant plus abondante & diffuse, que l'Entendement a les Idées de plus de choses, & que cette Science est d'autant plus excellente, que chacune de ces Idées contient clairement & distinctement plus de choses.

De là vient que la Science dans un Homme extremement sçavant est presque sans discours ou raisonnement, & comme une Simple Intelligence ; parce qu'en regardant dans l'Idée il voit comme d'une seule veüe les Antecedens, & les Consequens ; au lieu que dans un homme moins eclairé elle n'y est que par discours, ce qui demande du temps, parce qu'il a besoin de speculation pour passer de la connoissance des Antecedens à celle des Consequens.

Or ce seroit veritablement une chose admirable que de sçavoir beaucoup de choses, & de les scavoir en perfection; mais comme il y en a si peu qui soient capables de l'un & de l'autre, il semble certes que l'on ne doit point tant se mettre en peine d'acquerir les Idées de beaucoup de choses, que de cultiver, & de perfectionner celles qu'on a acquises ; car il vaut mieux scavoir peu & le bien scavoir, que de scavoir beaucoup & le scavoir mal.

Du moins, si quelqu'un veut gouster de beaucoup de choses, il ne doit pas passer legerement sur celles qui sont Capitales, & qu'il importe sur tout de scavoir, mais il doit s'appliquer à les connoitre, & à les apprendre parfaitement.

SECONDE PARTIE.

DE LA PROPOSITION.

IL nous faut maintenant traiter de la Propoſition, ou Enonciation, par laquelle n'imaginant, ou ne regardant plus nuëment, & ſimplement une choſe, nous interpoſons noſtre jugement, en affirmant, ou en niant quelque choſe d'elle. Car l'Entendement eſtant attentif aux diverſes Idées qu'il a, joint par l'affirmation celles qui conviennent mutuellement, diſ-joint par la negation celles qui ne conviennent pas ; de ſorte que de ſimples imaginations il en fait une compoſée.

Elle eſt ordinairement appellée Propoſition, & Enonciation, parce que par elle l'Entendement propoſe, & enonce ce qu'il penſe d'une choſe ; elle eſt auſſi pour la meſme raiſon appellé Sentence, *Effatum, Pronunciatum*,

& quelquefois Axiome; enfin l'on a coûtume, à la difference de la simple imagination, de l'appeller Jugement, en ce que par elle nous jugeons, & decidons ce que la chose est, ou n'est pas.

Or comme toute Proposition est generalement ou Affirmative, ou Negative, & que la negation, & l'affirmation se font par l'entremise du Verbe *est* ou tout seul, comme lors qu'on dit, *Socrate est sage*, ou avec une particule negative, comme lors qu'on dit, *la Iustice n'est pas un vice*; il faut remarquer que le nõ qui precede le Verbe, tel qu'est *Socrate*, & *Iustice* dãs ces Propositions que nous venons d'apporter, est appellé Sujet, en ce qu'il est pour ainsi dire, mis sous quelque chose comme pour en estre le support & l'appuy, & que celuy qui suit le Verbe, tel qu'est *Sage*, & *Vice* dans ces mesmes exemples, est appellé Attribut, ou Predicat, comme estant ce qui est apposé, appliqué, attribué à quelque chose, ou ce qui est dit & enoncé de quelque chose.

Il est vray que pour abreger l'on a coûtume de construire des propositions en d'autres termes, comme lors que l'on dit *Socrate raisonne*, *La Iustice ne regne pas*; mais il est evident que le Verbe *est*, & l'Attribut sont compris sous ces mots, en ce que ces Propositions se peuvent resoudre de maniere que ce soit le mesme que si l'on disoit *Socrate est raisonnant*, *La Iustice n'est pas regnante*. On veut mesme que toutes les fois que le Verbe *est* est mis seul, & qu'il ne suit point d'Attribut, comme lors qu'on dit simplement *l'Homme est*, il y ait quelque Attribut compris sous le Verbe, entant qu'il se peut aussi resoudre de maniere que ce soit le mesme que si on disoit *l'Homme est existant*, car cela veut dire qu'effectivement il existe dans la Nature.

Remarquez que toutes ces Propositions, & autres semblables estant Simples, comme n'ayant qu'un, simple Sujet, & un simple Attribut, il s'en rencontre souvent de Composées, à sçavoir lorsque l'un ou l'autre, ou tous les deux sont composez de plusieurs mots, comme lors qu'on dit, *Ce dont on ne se peut passer dans la vie est necessaire à la vie*; ou tout cecy, *Ce dont on se peut passer dans la vie*, tient le lieu de Suject, & *Est necessaire à la vie*, tient lieu d'Attribut. Et de meſme lors qu'on dit *Ce n'eſt pas le propre d'un homme ſage de dire je ne penſois pas* ; ou tout cecy, *Ie n'y ſongeois pas*, eſt comme le Sujet, & cecy, *Le propre d'un homme ſage*, eſt comme l'Attribut.

Il eſt vray que dans le premier exemple le Verbe *eſt* n'eſt pas mis entre le ſujet & l'attribut, mais apres, & que dans le ſecond il ſuit le ſujet, & precede l'attribut, mais cela ne doit pas nous arreſter, parce que cette transpoſition ne ſe fait que pour l'Elegance.

Remarquez derechef, que toutes ces Propoſitions ſoit ſimples, ſoit compoſées eſtant dites Abſoluës, comme enonçant purement & ſimplement quelque choſe, il s'en rencontre auſſi d'autres qui ſont dites Hypothetiques, ou Conditionnelles, acauſe de la particule *Si* qu'on ajoûte, comme lors qu'on dit, *Si le Soleil luit il eſt jour* ; d'autres Analogiques ou Proportionnelles, acauſe des particules de Proportion, *Comme*, *Ainſi*, *Demeſme*, & autres, comme lors qu'on dit, *Demeſme que la baſe eſt à la colonne, ainſi la Iuſtice eſt à la Republique* ; d'autres Diſjonctives acause des particules de Disjonction, *Ou*, *Soit*, comme lors qu'on dit, *Socrate a beu de la Cigue ou justement, ou injustement* ; sans parler de celles qu'on appelle Copulatives, Exclusives, Reduplicatives, & autres semblables.

Pour ce qui est des Modales ausquelles on ajoûte un de ces termes, *Necessaire*, *Contingent*, *Possible*, *Impossible*, afin de signifier la maniere dont l'Attribut est dans le Sujet, comme lors qu'on dit, *Il est Necessaire que l'homme soit Animal* ; *C'est une chose Contingente que Socrate soit assis* ; *Il est Possible que l'homme soit juste* ; *Il est Impossible que l'homme soit une pierre* ; il est constant que non seulement ces quatre voix, mais que presque tous les Adjectifs, & les Adverbes ajoûtent la maniere de la signification, & font de même des Propositions Modales, comme si quelqu'un disoit *Il est juste que les Peres soient honorez par leurs Enfans* ; *Il est doux & honorable de mourir pour la Patrie, &c.*

Remarquez de plus que toute Proposition soit Affirmative, soit Negative, est ou Generale & Universelle, ou Particuliere & Singuliere. La Generale est veritablement celle dont le Sujet est general, comme lors qu'on dit, *l'Homme est un Animal*; la Particuliere celle dont le Sujet est particulier, comme lors qu'on dit, *Socrate est un homme de bien* : Mais parce qu'un Sujet general peut estre rendu particulier par une particule limitante, comme lors que l'on dit, *Cet homme*, ou *Quelque homme est juste* ; pour cette raison la Generale est d'ordinaire marquée par ce terme *Tout* si elle est affirmative, & par *Nul* si elle est negative, comme, par exemple, *Tout Homme est Animal*, *Nul Homme n'est pierre*.

Quant à la Particuliere, lors qu'on a le nom propre, il n'est point besoin d'aucune particnle limitante, comme *Socrate est Grec*, *Socrate n'est pas Barbare* ; mais quand on ne sçait pas le nom propre, ou qu'on ne le met pas, on se sert alors d'une particule limitante, soit Demonstrative, comme *Cet homme est sage*, *Cet homme n'est pas sage*, soit Vague, comme *Quelque homme est vertueux*, *Quelque homme n'est pas vertueux*.

Remarquez enfin, que lors qu'il y

a deux Propositions, dont l'une est Affirmative, l'autre Negative, & qui ont le mesme Sujet, & le mesme Attribut, ces Propositions sont dites Opposées, Contraires, Contradictoires, Repugnantes; soit que toutes les deux soient Generales, ou toutes les deux Particulieres, ou que l'une soit Generale, & l'autre Particuliere, comme lors que l'on dit, *Tout homme est Animal, Nul homme n'est Animal; Socrate est sage, Socrate n'est pas sage; Tout homme est juste, Quelque homme n'est pas juste*: Mais quand elles sont toutes deux Affirmatiues, ou toutes deux Negatives, & qu'il n'y a que changement alternatif de Sujet & d'Attribut, alors elles s'appellent Reciproques, comme lors qu'on dit, *Tout homme est raisonnable, Tout raisonnable est homme, Nul raisonnable n'est Brute, Nulle Brute n'est raisonnable.*

Au reste, comme la principale distinction de la Proposition est celle par laquelle on a coûtume de la diviser en Vraye, & en Fausse, c'est principalement à son egard qu'on etablit les Regles suivantes.

REGLE I.

Cette Proposition là est Vraye qui enonce quelque chose estre qui est, ou quelque chose n'estre pas qui n'est pas : Celle là Fausse, qui ou enonce quelque chose estre qui n'est pas, ou quelque chose n'estre pas qui est.

LA chose est evidente, parce que l'on n'entend d'ordinaire autre chose par le mot de Verité, qu'une conformité de l'Enonciation avec la chose enoncée, ou de la Pensée ave ce qui est pensé ; & par celuy de Faussété, qu'une difformité de l'Enonciation avec la chose enoncée, ou de la Pensée avec ce qui est pensé.

Il est vray que dans la premiere Partie nous avons tenu pour Vraye cette Idée laquelle est conforme à la chose dont elle est cruë estre l'Idée, & au contraire de la Fausse : Mais parceque tant qu'on n'affirme, ou qu'on ne nie rien, cette verité, ou cette faussété demeure comme en ſuſpens, & qu'on attend juſques à ce que l'on prononce que la choſe eſt telle, ou n'eſt pas telle que l'Idée la repreſente ; pour cette raiſon la Verité, & la Fauſſeté appartiennent proprement à la Propoſition, par laquelle l'on prononce de la choſe qu'elle eſt telle, ou n'eſt pas telle.

Et c'eſt acauſe de cela que la Propoſition ſe doit faire par le Verbe du Meuf de l'Indicatif, comme diſent les Grammairiens ; parce qu'autrement il n'y a ni Verité, ni Fauſſeté dans le diſcours qu'on fait, comme lors qu'on dit, *O ſi Iupiter me redonnoit mes premieres années !* ou, *Puiſque vous ſoutenez vous ſeul tant & de ſi grandes affaires*, &c. Car l'on attend au premier ce que celuy qui ſouhaite fera quand il aura obtenu ce qu'il deſire, & au ſecond ce qui arrivera de ces grandes affaires fortement ſoutenues, &c.

D'ailleurs, la Verité de l'Enonciation eſtant proprement dans l'Entendement, ou dans l'Eſprit qui penſe, d'ou vient qu'on dit Verité de Penſée (comme auſſi Verité de Diſcours, Verité d'Ecriture, Verité de Signe, lors qu'on exprime sa pensée ou de vive voix, ou par ecrit, ou par signe) il faut remarquer que c'est proprement là la Verité à laquelle la Fausseté peut estre opposée, en ce que l'Entendement est sujet à l'erreur, & qu'il peut penser, & enoncer une chose & telle qu'elle est, & qu'elle n'est pas.

Car du reste, pour cette sorte de Verité qui est dite Verité d'Essence ou d'Existence, & à laquelle nulle fausseté n'est opposée, elle convient à la chose mesme; puis qu'une chose, soit que nous y pensions, ou que nous n'y pensions pas, & soit que nous-nous trompions, ou que nous ne nous trompions pas, est toujours en soy une veritable chose, ou est toûjours ce qu'elle est, & non autre; & il n'y a nulle difference entre dire qu'elle est, ou existe, & dire qu'elle est une veritable chose. Ainsi nous pouvons veritablement bien nous tromper en jugeant que de l'Oripeau est de l'Or, d'ou vient que nous disons ordinairement, que l'Oripeau est de faux Or; neanmoins l'Oripeau en soy n'est point de faux Or, mais de vray Oripeau.

REGLE II.

La Verité de la Proposition Affirmative depend de ce que l'Attribut convienne au Sujet ; celle de la Negative de ce qu'il ne luy convienne pas.

CAr une chose n'est enoncée estre ce qu'elle est, que lors que l'Attribut convient au Sujet, c'est à dire qu'il luy convient tellement qu'il luy est joint, ou une seule & mesme chose avec luy, non-eloignée, non-disjointe : Et pareillement, une chose n'est enoncée estre ce qu'elle n'est pas, que lors que l'Attribut ne convient pas au Sujet, ou qu'il luy est tellement difforme, & repugnant qu'il en est disjoint, separé, desassocié, & absolument distinct.

Ainsi, lors par exemple qu'on dit, *Le Soleil est lumineux*, l'Affirmation est vraye, parce que le Soleil est enoncé tel qu'il est, & qu'il est tel qu'il est enoncé, parce qu'estre *lumineux*, ou *la lumie-*

re, qui fait que le Soleil eſt lumineux, convient tellement au Soleil, ou eſt de telle maniere en luy, que c'eſt une ſeule & meſme choſe avec luy, & non pas ſeparée.

Et de meſme, lorſqu'on dit, par exemple, *Le Soleil n'eſt pas cubique*, la Negatiõ eſt vraye; parce que le Soleil eſt enoncé n'eſtre pas tel qu'il n'eſt pas, & qu'il n'eſt pas tel qu'il eſt enoncé n'eſtre pas, parce qu'eſtre *cubique*, ou *la figure de cube*, eſt une choſe tellement diſconvenante au Soleil, & tellement eloignée de luy, qu'elle en eſt quelque choſe de ſeparé, & de disjoint.

REGLE III.

L'Attribut convient au Sujet, & luy eſt adherant ou inſeparablement, & il eſt dit Neceſſaire, ou ſeparablement, & il eſt dit Contingent.

Lorſque je dis *Inſeparablement*, j'entens que l'Attribut convient de telle maniere au Sujet, & luy eſt tellement adherant que le Sujet ne peut estre sans luy. Tel est l'Animal au regard de l'Homme ; car il ne peut pas estre Homme qu'il ne soit Animal. Et lorsque je dis *Separablement* , j'entens que le Sujet puisse estre sans l'Attribut. Tel est le lumineux , ou la lumiere au regard de l'Air ; car l'Air peut estre sans la lumiere , ou n'estre pas lumineux.

REGLE IV.

L'Attribut Necessaire est ou Genre , ou une Qualité naturelle au Sujet.

LA raison de cecy est , que tout ce qui est inseparable d'un Sujet , est ou son Genre soit prochain, soit eloigné, comme à l'egard de l'Homme d'estre Animal , d'estre Vivant , d'estre Corps ; ou est une Qualité naturelle à ce mesme Sujet , soit propre & particuliere , comme est à l'Homme la Raison, l'aptitude à rire , soit commune à d'autres , comme est à l'Homme la faculté de sentir , qui luy est commune avec tous les autres Animaux,ou avoir deux pieds, ce qu'il a de commun avec quelques autres, par exemple, avec les Oyseaux.

REGLE V.

L'Attribut Contingent est ou une Qualité etrangere, ou une Denomination relative.

EN effect comme ce qui est separable est Contingent, l'Attribut Contingent est apparemment l'un ou l'autre des deux. Et qu'ainsi ne soit, il est premierement evident que les Qualitez qui ne sont pas naturelles, mais qui viennent de dehors, & qui sont dites Accidentelles, parce qu'elles sont receües de maniere dans le Sujet qu'elles en peuvent estre absentes sans qu'il perisse; il est, dis-je, evident que ces sortes de Qualitez etrangeres sont separables de leur Sujet. Telle est dans l'Homme la chaleur qui luy vient du Soleil, l'humidité qui luy vient de l'Eau, la blancheur qui luy vient de la Ceruse. C'estpourquoy bien qu'estre chaud dans le Soleil, humide dans l'Eau, blanc dans la Ceruſe, ſoient des Attributs neceſſaires, parce que ces Qualitez leur ſont naturelles ; toutefois eſtre chaud dans l'Homme, humide, ou blanc, ſont des Attributs Contingens, parceque ces Qualitez luy ſont etrangeres, & luy viennent de dehors.

Secondement, il eſt auſſi evident que les Denominations qui ſe donnent acauſe des Relations qu'il y a à des choſes externes, ſont ſeparables ; veu que ces choſes ceſſant, ou eſtant changées, elles periſſent, & ne conviennent plus. Telle eſt dans Creſus la denomination de Roy, ou de Riche, acauſe de la relation au Royaume, & aux Richeſſes qu'il poſſede, mais le Royaume & les Richeſſes periſſant, la relation s'evanoüit, & il n'y a plus rien à raiſon de quoy Creſus ſoit denommé Roy, ou Riche. Ainſi quand un homme s'eſt tourné de droite à gauche, la muraille qui eſtoit dite droite eu egard à ſa main droite, n'eſt plus denommée droite. Ainſi un homme par la mort de ſon fils, ou de ſa femme, ou par la fuite de ſon eſclave, ceſſe d'eſtre pere, ou mary, ou maiſtre,

& il en eſt de meſme de mille autres choſes de la ſorte.

REGLE VI.

L'Eſpece ne peut eſtre reciproquement faite Attribut du Genre, qu'on n'ajoûte quelque limitation au Genre.

CAr quoy que nous puiſſions dire, *l'Homme eſt un Animal*, *la Blancheur eſt une couleur*, *la Iuſtice eſt une vertu*, nous ne pouvons neanmoins pas dire reciproquement, *l'Animal eſt homme*, *la couleur eſt la blancheur*, *la vertu eſt la Iuſtice*; parceque lorſque nous diſons, par exemple, que *l'Homme eſt un Animal*, le ſens eſt que l'Homme eſt une des eſpeces de l'Animal, & que tout ce qui eſt Homme, eſt Animal; mais ſi l'on diſoit *l'Animal eſt Homme*, cela voudroit dire que l'Animal ſeroit une eſpece d'Homme, & que tout ce qui ſeroit Animal ſeroit Homme.

L'on ajoûte neanmoins, *Si ce n'eſt qu'on apporte quelque limitation au Genre*;

parce que nous pouvons dire, comme nous venons d'insinuer, *Quelque Animal est homme, Quelque couleur est blancheur, Quelque vertu est justice* : Car il arrive par ces sortes de particules limitantes que le Genre est comme restraint, & n'est pas plus etendu que l'Espece ; & qu'ainsi l'Espece peut estre enoncée de luy, ou estre faite reciproquement son Attribut.

REGLE VII.

La Qualité qui est naturelle, & propre, peut bien d'Attribut estre reciproquement faite Sujet ; mais celle qui est etrangere, & commune, ne le peut pas, si ce n'est avec limitation.

EN effect, il est constant qu'on peut bien dire *l'Homme est capable de rire, le Capable de rire est Homme* ; ou, afin que la reciprocation se fasse plus expressement, *Tout Homme est capable de rire, Tout capable de rire est Homme* ; parceque comme la capacité au ris est une

une qualité naturelle, & propre à l'Homme, elle convient à toute l'Espece de l'Homme, & est autant etenduë que l'Homme; mais l'on ne peut pas dire pareillement, *Tout Cygne est blanc, Tout blanc est Cygne*; parceque la blancheur est veritablement une qualité naturelle au Cygne, mais qui luy est commune avec d'autres choses: De mesme, l'on ne peut pas dire reciproquement, *la Muraille est blanche, le Blanc est la Muraille*, parceque la blancheur n'est pas naturelle, ni propre à la muraille, mais etrangere, & commune.

L'on a aussi ajouté en cet endroit, *Si ce n'est avec limitation*; car il est constant que par la mesme raison l'on peut dire *Quelque blanc est Cygne, Quelque blanc est muraille.*

REGLE VIII.

L'Attribut doit estre exprimé par un nom Concret, si ce n'est lors qu'une Qualité est enoncée d'une Qualité, comme le Genre de l'Espece.

CAr si la Qualité est enoncée de la Qualité comme le Genre de l'Espece, il est evident qu'elle doit estre exprimée par un nom Abstrait; puisque nous disons, par exemple, *la Blancheur est une couleur, la Douceur est une saveur*. Auquel cas vous voyez qu'il est aussi requis que le Sujet, ou l'Espece, soit exprimé par un nom Abstrait; car s'il est exprimé par un Concret, alors l'Attribut, ou le Genre est pareillement exprimé par un Concret; puisque nous disons *le Blanc est coloré, le Doux est savoureux*.

Au reste, pour ce qui est de l'Attribut, soit qu'il soit enoncé ou comme Genre, ou comme Qualité, ou qu'il soit enoncé de la Substance, ou de la Qualité, il est toujours exprimé au Concret. Car c'est pour cela que nous disons, *l'Homme est un Animal*; *le Pin est un arbre*; *le Marbre est une pierre*; & *l'Homme est sage*; *le Pin est verd*; *le Marbre est dur*; & derechef, *la Blancheur est claire*; *la Douceur est agreable*; *la Iustice est aimable*, *&c.*

Où il faut remarquer, que lorsque deux qualitez qui sont de divers Genre demeurent ensemble dans un mesme Sujet, comme la blancheur, & la douceur dans le laict, elles ne peuvent veritablement pas estre enoncées mutuellement l'une de l'autre; car nous ne disons pas *la Blancheur est la douceur*, ou *la Douceur est la blancheur*; mais qu'elles peuvent toutefois estre enoncées dans le Concret; puisque nous disons *le Blanc est doux*, & *le Doux est blanc*; parceque cela ne veut dire autre chose, sinon que le mesme Sujet est doüé de blancheur, & de douceur.

REGLE IX.

Toutes les fois que l'Attribut est Genre, ou Qualité naturelle du Sujet, la Proposition Affirmative est vraye, & necessaire, la Negative fausse, & impossible.

CEcy est evident de ce que l'Attribut est necessaire, & inseparablement adherant au Sujet, & qu'ainsi il est impossible que le Sujet soit sans l'Attribut. C'estpourquoy ces Propositions, *l'Homme est un Animal, le Soleil est lumineux*, & autres semblables, sont non seulement vrayes, mais encore necessaires, ou necessairement vrayes; au lieu que celles-cy, *l'Homme n'est pas un Animal, le Soleil n'est pas lumineux*, non seulement sont fausses, mais il ne se peut pas mesme faire qu'elles soient vrayes, d'ou vient qu'elles sont dites Impossibles.

Il n'est pas besoin de remarquer que sous la Proposition Negative l'on comprend encore celle qui bien qu'Affirmative en apparence, est toutefois autant Negative en effect que si l'Adverbe negatif y estoit mis, comme si l'on disoit *l'Homme est inanimé*, *le Soleil est tenebreux*.

REGLE X.

Toutes les fois que l'Attribut est ou un Genre Disparat, c'est à dire d'une autre Amas que le Sujet; ou une Qualité à laquelle le Sujet a une repugnance naturelle; la Proposition Affirmative est fausse, & impossible, la Negative vraye, & necessaire.

CEcy est encore evident, & c'est pour cela que ces sortes de Propositions, *l'Homme est une Plante*, *l'Animal est une Pierre*, *la Blancheur est une odeur*, *la Couleur est une saveur*, sont fausses & impossibles; parce que ce sont des Genres Disparats, c'est à dire que la Plante, & la Pierre sont en d'autres Amas ou Categories de Substance que l'Homme, & l'Animal; l'Odeur,

& la Saveur en d'autres Categories de Qualitez que la blancheur, & la couleur. Et celles-cy ne ſont pas moins fauſſes, & impoſſibles, *le Cygne eſt noir, le Poiſſon eſt capable de parler, l'Or eſt leger, la Neige eſt chaude*; parce que le Cygne a une naturelle repugnance à eſtre noir, le Poiſſon à parler, l'Or à monter vers le haut, & la Neige à echauffer.

Mais pour ce qui eſt des Negatives, & qui ſont oppoſées aux Affirmatives, comme *l'Homme n'eſt pas une Plante, l'Animal n'eſt pas une Pierre*, &c. il eſt evident que non ſeulement elles ſont vrayes, mais qu'elles ſont meſme neceſſairement vrayes.

REGLE XI.

Toutes les fois que l'Attribut est une Qualité etrangere, ou une Denomination relative, & le Sujet Singulier, & determiné, la Proposition est Contingente, ou peut estre vraye, & fausse. Il est vray que tant que l'Attribut est dans le Sujet, la Proposition Affirmative est vraye, la Negative fausse; mais lors qu'il n'y est pas, l'Affirmative est fausse, la Negative vraye.

CEcy derechef est evident ; parce qu'en ce rencontre l'Attribut est Contingent, ou peut estre, & n'estre pas dans le Sujet ; d'ou vient que ces Propositions soit Affirmatives, *Pamphile est juste, Pamphile est riche*, soit Negatives, *Pamphile n'est pas juste, Pamphile n'est pas riche*, ou leurs Equivalentes, *Pamphile est injuste, Pamphile est pauvre*, sont Contingentes, & que les Affirmatives sont aussi bien vrayes, & les Negatives fausses, lorsque la justice & les richesses sont dans la possession de Pamphile, que les Affirmatives sont fausses, & les Negatives vrayes, lorsqu'elles n'y sont pas.

Or il est requis que le Sujet soit singulier ; parceque s'il est universel, la Proposition n'est pas proprement Contingente, en ce qu'elle est toujours fausse soit qu'elle soit Affirmative, ou qu'elle soit Negative ; car il est autant faux *que Tout homme soit juste*, *que Tout homme soit riche*, qu'il est faux *que Nul homme ne soit juste*, *que Nul homme ne soit riche*. D'ou vient que ces sortes de Propositions ne se doivent pas conter entre les Contingentes, mais en quelque façon entre les Impossibles.

Il est aussi requis que le Sujet soit determiné, parce que s'il est indeterminé, ce n'est pas aussi proprement une Proposition Contingente, en ce que soit qu'elle soit Affirmative, ou Negative, elle est toûjours vraye, & jamais fausse ; car il est autant vray *que Quelque homme soit juste*, *& que Quelque homme soit riche*, qu'il est vray *que Quelque homme ne soit pas juste*, que

Quelque homme ne soit pas riche ; parceque jamais deux Propositions opposées ne s'entendent d'un mesme & singulier homme. D'ou vient aussi que ces sortes de Propositions Vagues se doivent conter non seulement entre les Possibles, mais en quelque façon aussi entre les Necessaires.

REGLE XII.

De deux Propositions Contingentes opposées l'une est vraye, l'autre fausse, soit dans le temps present, soit au passé, soit à l'avenir.

IL n'y a personne qui en doute à l'egard du present, *Corisque joüe*, *Corisque ne joüe pas*, & à l'egard du passé, *Corisque joüa hyer*, *Corisque ne joüa pas hyer*; mais il y en a qui en doutent à l'egard de l'avenir, *Corisque joüera demain*, *Corisque ne joüera pas demain*, parce que l'on ne sçait pas de celles-cy quelle est la vraye, & quelle est la fausse, comme on le sçait des autres.

Cependant, de mesme que de deux

hommes dont l'un dit *Corisque joüe*, l'autre *Corisque ne joüe pas*, ou dont l'un dit *Corisque joüa hyer*, l'autre *Corisque ne joüa pas hyer*, l'un dit vray, & l'autre faux, encore que je ne puisse pas dire lequel des deux dit vray, lequel dit faux, parceque je suis presentement, ou que je fus hyer eloigné de Corisque; de mesme si l'un dit *Corisque joüera demain*, & l'autre *Corisque ne joüera pas demain*, l'un des deux dira vray, l'autre faux, encore que j'ignore lequel des deux dit vray, lequel dit faux.

Car de mesme que celuy-là dit vray, lequel enonce que quelque chose est qui est effectivement, & que quelque chose a esté qui a effectivemēt esté, ainsi celuy-là dit vray, lequel dit que quelque chose sera qui sera effectivement, & qui se confirmera par l'evenement, ne se pouvant pas faire que l'un des deux n'arrive. Et certes la verité d'une Proposition depend de ce que la chose est, ou n'est pas, & non de ce qui est sceu, ou est ignoré.

REGLE XIII.

La Certitude d'une Proposition depend de l'Evidence qui fait voir qu'elle est necessaire.

CAr la Certitude n'estant autre chose que cette fermeté ou forte attache de l'Entendement à croire une Proposition qu'il tient pour Necessaire, il faut certes qu'afin qu'il la tienne pour telle, elle luy devienne Evidente.

De là vient qu'une chose pouvant devenir Evidente,ou par le Sens,ou par la Raison, il ne suffit pas que le Soleil estant levé il soit necessaire qu'il soit jour pour que l'Entendement soit certain de cette Proposition, *Il est jour*; mais il faut ouvrir les yeux, & que la chose se fasse evidente au Sens: Et bien que cette Proposition, *le Soleil est plusieurs fois plus grand que toute la Terre*, soit necessaire, ce n'est toutefois pas assez qu'elle soit telle en elle-mesme pour que l'Entendement en soit certain, il faut encore qu'elle luy devienne evidente par la Raiſon, ou par Demonſtration.

Auſſi eſt-ce de cette maniere que nous devenons certains des Propoſitions Contingentes, à ſcavoir lors qu'elles ſe font, ou qu'elles ſe ſont faites evidentes par le Sens ; car celuy qui voit aujourd'huy Coriſque joüant, ou qui le vit hyer joüer, eſt certain qu'il joüe, ou qu'il a joüé, & n'en peut pas douter, parce qu'il luy eſt evident que cela ne peut point eſtre autrement.

Il eſt bien vray qu'il n'y a point eu de neceſſité que Coriſque joüaſt ; mais toutefois s'il eſt vray qu'il a joüé, il ne ſe peut pas faire qu'il n'ait joüé, & s'il joüe, il ne ſe peut pas faire qu'en joüant il ne joüe. D'ou vient que les choſes paſſées ſont Neceſſaires, & qu'à l'egard des preſentes, ce n'eſt pas ſans raiſon qu'on dit qu'elles le ſont de neceſſité tant qu'elles ſont, *Quidquid eſt, quamdiu eſt, neceſſe eſt eſſe.*

REGLE XIV.

La Vray-ſemblance, ou la Probabilité d'une Propoſition depend de ce qu'elle approche davantage de l'Evidence, que de l'Obſcurité.

CAr comme la Propoſition douteuſe, & incertaine eſt celle qui eſt juſtement entre l'Evidence, & l'Obſcurité, veu qu'il n'y a rien qui incline davantage à donner ſon conſentement qu'à ne le donner pas, ou à ne le donner pas qu'à le donner, comme à l'egard de cette Propoſition, *les Etoiles ſont en nombre pair*; il faut certes qu'une Propoſition que l'Entendement tient non pour certaine, mais pour vray-ſemblable, ou probable, ait quelque peu plus d'Evidence que d'Obſcurité.

Ainſi cette Propoſition, *Au prochain Solſtice les chaleurs ſeront dans leur vigueur*, eſt vray-ſemblable; parceque comme l'on a ſouvent obſervé que les chaleurs ſont au Solſtice dans leur plus grande force, & qu'il eſt rare qu'il fasse froid en ce temps-là, la chose est veritablement dans l'obscurité de l'avenir, mais cependant la Proposition approche beaucoup plus pres de l'Evidence que de l'Obscurité.

De mesme, lorsque quelqu'un raconte qu'il a veu quelque chose, par exemple, une Hirondelle à l'Equinoxe; si l'on sçait que c'est un homme qui n'ait pas accoûtumé de mentir, on luy ajoûte aisement foy, & cette Proposition, *une Hirondelle a esté veüe*, nous devient vray-semblable; parce qu'encore que l'Hirondelle ne paroisse que rarement si ce n'est apres l'Equinoxe, & que d'ailleurs il y ait peu de personnes qui ne puissent estre trompez, ou ne vueillent tromper, il est neanmoins plus evident que cet homme-là est veritable, que trompeur.

REGLE XV.

Il est bon d'avoir toujours devant les yeux plusieurs Propositions Necessaires qui soient tres evidentes, & tres generales : Telles que sont celles que l'on appelle des Maximes.

ON appelle des Maximes, des Sentences, & des Premiers Principes clairs & evidens d'eux-mesmes ; parceque ces sortes de Propositions sont tellement evidentes qu'il suffit d'en concevoir le sens, ou de les entendre pour y donner son consentement.

Or il est utile de sçavoir plusieurs de ces sortes de Propositions, & de les avoir presentes en sa memoire, parce qu'elles sont comme les fontaines d'ou les autres plus singulieres sont ensuite derivées comme autant de petis ruisseaux, d'ou les autres, dis-je, qui sont plus singulieres, & dont il est aisé de se servir lors qu'il est besoin de prouver quelque chose en particulier, sont derivées. Mais chaque Science en fournit de particulieres, & celles qui suivent, par exemple, sont les plus celebres de toutes.

Il est impossible qu'une mesme chose soit en mesme temps, & ne soit pas.

De quelque chose que ce soit l'Affirmation, ou la Negation est vraye.

Le Tout est plus grand que sa Partie.

La partie est plus petite que le Tout.

Si de choses egales vous ostez choses egales, les restants seront egaux.

Si à choses egales vous ajoûtez choses egales, les Tous seront egaux.

Les choses qui sont egales à une troisieme, sont egales entre elles.

Les choses qui sont le double, ou la moitié d'une mesme, sont egales entre elles.

Tout nombre est pair, ou impair.

Il n'y a point de nombre si grand, qu'il ne s'en puisse donner un plus grand.

Ni la Nature, ni l'Art ne peuvent faire aucune chose de rien.

Dieu, & la Nature ne font rien en vain.

L'on ne doit point multiplier les Estres sans necessité.

Le Bien est ce que toutes choses desi-

rent, & le Mal ce que toutes choses fuyent.

Personne ne peut hayr le bien entant que bien, ou aimer le mal entans que mal, &c.

REGLE XVI.

Entre les Maximes propres de la Logique, celles qui regardent les Lieux Communs, qu'on appelle Lieux des Arguments, tiennent le premier rang.

TOutes ces Regles que nous proposons sont veritablement des Maximes de Logique; neanmoins celles qui appartiennent à chacun des Lieux d'où l'on a coûtume de tirer des Arguments pour prouver quelque chose, sont specialement dites Maximes de Logique.

Car toutes les Definitions, par exemple, de toutes les choses, sont imaginées estre contenuës dans un certain Lieu, toutes les Causes dans un autre, tous les Adjoints ou Accidens dans un autre, & ainsi du reste ; ensorte que quand pour prouver quelque chose, nous prenons, par exemple la Definition de la chose, cette definition est alors appellée Argument, & cet Argument est dit estre tiré du Lieu, ou du domicille des Definitions : Et parceque quelqu'un pourroit douter de la force que cet Argument a pour prouver quelque chose, pour cette raison chaque Lieu a sa Maxime particuliere d'ou l'Argument tire sa force.

Pour en toucher donc quelques-unes des principales, il faut supposer que des Lieux qui se donnent d'ordinaire, les uns sont des Choses, & les autres de l'Authorité : Qu'a l'egard des Choses les unes sont Coherentes, c'est à dire ayant une certaine liaison mutuelle, les autres Incoherentes, c'est à dire n'ayant aucune liaison : Qu'entre les Coherentes sont le Gére, & l'Espece ; l'Espece & la Proprieté ; la Definition, & le Definy ; le Tout, & les Parties ; le Sujet, & les Adjoints ; les Adjoints mesme entre eux entant qu'ils sont Antecedens, ou Consequens ; la Cause, & l'Effet ; les Semblables mutuels ; les Pareils mutuels, & generalement les Relatifs mutuels : Qu'entre les Incoherentes sont les Disparats ou Divers ; les Opposez soit Dissemblables, soit Non-pareils, *Disparia* (lesquels sont ou plus Grands, ou Moindres) les Contraires ou Repugnants ; les Privants ; les Niants, ou Contredisants : Qu'enfin l'Authorité est ou Divine, ou Humaine.

Comme l'on distingue donc autant de Lieux, d'ou lors que les Arguments se tirent, ces Arguments sont dits estre pris du Genre, de l'Espece, de la Proprieté, de la Definition, &c. Voicy les Maximes, lorsque l'Argument se prend, par exemple.

DU GENRE.

T*Out ce qui convient au Genre, convient aussi à l'Espece* ; comme, parce qu'il convient à l'Animal d'estre doüé de Sentiment, cela conviendra aussi à l'Homme. Et, *le Genre estant posé, telle Espece n'est pas pour cela posée* ; comme l'Animal estant posé dans la Nature, il ne s'ensuit pas pour cela que l'Homme soit ; car il peut y avoir un autre Animal.

DE L'ESPECE.

L'*Espece estant posée ; le Genre est posé* ; comme l'Homme éstant posé dans la Nature, il s'ensuit que l'Animal est. Et, *Ce à quoy convient l'Espece, à cela mesme convient le Genre* ; comme, parce qu'il convient à Socrate d'estre Homme, il luy convient aussi d'estre Animal. Et, *Ce qui convient à toutes les Especes, conviendra au Genre* ; comme, parce que la Prudence, la Justice, la Force, la Temperance sont aimables, la Vertu sera aussi aimable.

DE LA PROPRIETÉ.

O*V est la Proprieté, là est aussi l'Espece* ; comme, où est le Sentiment, là est l'Animal ; où est la Raison, là est l'Homme. Et, *la Proprieté est ce par quoy chaque chose differe* ; comme, le Sentiment est ce par quoy l'Animal differe de la Plante ; la Raison ce par quoy l'Animal differe de la Brute.

DE LA DEFINITION.

C*E qui convient à la Definition, convient aussi à la chose definie* ; comme, parce qu'il convient à l'Art de bien-dire de persuader, il conviendra aussi à la Rhetorique de persuader. Et, *Ce à quoy convient la Definition, à cela mesme convient la chose definie*; comme, si l'Art de bien-dire est dans Ciceron, la Rhetorique sera aussi dans Ciceron.

DU TOUT.

CE qui qui convient au Tout, convient aussi à la Partie; comme, parce qu'il convient à toute la Mer d'estre salée, il convient aussi à un verre d'eau de la Mer d'estre salé. Et, *Qui dit tout, n'exclud rien*; comme, qui dit toute la Republique, comprend tous les Citoyens sans en excepter aucun.

DES PARTIES.

CE qui convient à toutes les Parties, convient au Tout; comme, parce qu'il convient à la Zone torride, aux Zones temperées, & aux Zones froides d'estre habitées, il convient à toute la Terre d'estre habitée. Et, *D'ou les Parties sont absentes, de là mesme le Tout est absent*; comme, où il n'y a ni General d'Armée, ni Capitaines, ni Soldats, là il n'y a point d'Armée.

DU SUJET.

T*El qu'est le Sujet, tels sont les Adjoints*; comme, tel qu'est le malade, tels sont les Symptomes du malade. Et, *Où est le Sujet, là sont les Adjoincts*; comme, où est le feu, là est la chaleur; où est le cadavre, là est la mauvaise odeur; où est l'Homme de bien, là est l'equité.

DES ADJOINTS.

O*V sont les Adjoints, là est le Sujet*; comme, celle qui devient grosse, & à qui le lait vient aux mamelles, a conceu. Et, *Les Adjoints se doivent examiner par les Adjoints*; comme, parce que celuy qui a commis un crime, & celuy qui ne ne l'a pas commis peut trembler, il faut examiner cela par l'Inimitié, par les Menaces, par la Presence, par l'Epée ensanglantée, & autres semblables Adjoints, ou par les Contradictions, & autres circonstances.

DES ANTECEDENTS.

L'*Antecedent posé, ce qui est Consequent l'accompagne* ; comme, posé la hayne, les querelles accompagnent ; le cœur estant blessé, la mort s'ensuit.

DES CONSEQUENTS.

L*E Consequent n'est point sans l'Antecedent* ; comme, l'Enfantement n'est point sans la Conception ; la Vieillesse n'est point sans la Jeunesse ; le fruit sans la fleur, le jour sans l'aurore, &c.

DE LA CAUSE.

T*Elle Cause, tel Effect* ; comme, si l'Arbre est bon, les fruits sont bons ; si la fin est loüable, l'action est loüable. Et, *Le mesme demeurant le mesme fait toujours le mesme* ; comme, un homme demeurant juste, agit toujours justement. Et, *Qui fait par un autre, est censé faire par luy-mesme* ; comme, celuy qui a commandé de tuer, est censé avoir tué luy-mesme.

DE L'EFFECT.

S*I l'Effect est, il faut que la Cause soit, ou ait esté*; comme, si le jour est, il faut que le Soleil luise; si l'Edifice est, il faut que l'Ouvrier ait esté. Et, *Ce pour quoy chaque chose est telle, est luy mesme davantage tel* (pourveu neanmoins que l'un & l'autre soit capable de la mesme qualité) comme, parceque l'eau est chaude acause du feu, le feu doit estre plus chaud. Or l'on ajoute l'exception, parceque bien que l'Homme soit yvre acause du vin, le vin n'est pas pour cela plus yvre.

DU SEMBLABLE.

D*Es Semblables le jugement est le mesme*; comme, c'est au Roy d'avoir soin du Royaume, comme, au Pere de famille d'avoir soin de sa maison. Et, *Si la gloire d'un Pere de famille est la prosperité de sa maison, la gloire du Roy est la prosperité du Royaume.*

DU PAREIL.

L*Es Pareils conviennent aux Pareils, ou repugnent*; comme, si l'on donne de la loüãge à Demosthene pour sa grâde Eloquence, l'on en doit aussi donner à Ciceron pour la mesme raison. Et, *Si Demosthene n'a pas deu craindre Philippe encore que Philippe le deust faire mourir, Ciceron n'a pas aussi deu craindre Antoine par la mesme raison.*

DES RELATIFS.

L*Es Relatifs sont naturellement ensemble.* Car, un des Relatifs posé dans la Nature, l'autre y est posé, & l'un estant osté, l'autre est aussi osté. Tels sont le Pere, & le Fils; le Maistre, & le Valet, & tous les autres que nous avons deja dit plus haut.

DES DISPARATS, OU DIVERS.

D*Es Divers la raison est diverse;* comme, si c'est le propre de l'Animal d'estre doüé de sentiment, le propre de la Plante est d'estre sans sentiment.

DU DISSEMBLABLE.

A *choses Dissemblables conviennent choses Opposées;* comme, un bon Prince est digne d'amour, un Tyran digne de hayne : Le Loup perd la Bergerie, le Chien la sauve.

DU PLUS.

S*I ce qui semble devoir plutost estre n'est pas, ce qui semble moins devoir estre, ne sera pas aussi* ; comme, si celuy que mille ecus d'Or n'ont pû corrompre pour faire une trahison, dix ecus ne le corrompront assurement pas.

DU MOINS.

S*I ce qui semble moins devoir estre est, ce qui semble davantage devoir estre sera* ; comme, si celuy qui ruine mediocrement la Republique doit estre puny grievement, combien celuy qui la ruine entierement le doit-il estre davantage ?

DES CONTRAIRES.

L*Es Contraires se guerissent par les Contraires*; cõme les choses chaudes par les froides, les humides par les seches. Et, *les Contraires se chassent tour à tour d'un mesme sujet* (si ce n'est que l'un des deux soit naturel) comme le froid chasse la chaleur de l'air, la chaleur le froid ; la noirceur la blancheur de la muraille, & la blancheur la noirceur. L'on ajoûte cepẽdant cette exception, acause de la blancheur qui est naturelle au Cygne,& ainsi de plusieurs autres choses de la sorte.

DES REPVGNANTS.

IL repugne que l'effect d'un Contraire soit où est l'autre Contraire ; comme, là où est l'amour, l'injure qui est l'effect de la hayne ne s'y trouve pas ; & là où est la noirceur, la dissipation de la veüe n'est point.

DES PRIVANTS.

SI l'un est present, l'autre est absent ; comme,si la lumiere est,les tenebres ne sont pas ; si les tenebres sont, la lumiere n'est pas. Et, *De la Privation à l'Habitude il n'y a point de retour en plusieurs choses* : Car il n'y en a point de la mort à la vie ; de l'aveuglement à la veuë, & en d'autres de la sorte.

DES NIANTS.

SI l'un est vray, l'autre est faux ; comme, s'il est vray que Corisque joüe, il est faux qu'il ne joüe pas ; & s'il est faux qu'il joüe, il est vray qu'il ne joüe pas. De là est venu cet Axiome, *Deux Contradictoires ne peuvent pas estre vrais en mesme temps.*

DE L'AUCTORITÉ DIVINE.

Dieu est veritable, & ne peut mentir : De là vient que puisque Dieu a dit que ceux qui sont persecutez pour la justice sont heureux, il faut en demeurer d'accord.

DE L'AUCTORITÉ HUMAINE.

CE qui est approuvé ou de tous, ou de plusieurs, ou des Sages, & entre les Sages ou de tous, ou de la plus part, ou des plus renommez & illustres, ne doit point estre improuvé. Tel est cecy que tout le monde approuve, *Il faut honorer ses Pere & Mere.* Cecy dont plusieurs conviennent, *L'on ne doit pas mal-traiter les Ambassadeurs.* Cecy dont tous les Sages demeurent d'accord, *Il faut vivre honnestement.* Cecy dont plusieurs conviennent, *l'Erudition est preferable aux richesses.* Cecy dont les plus renommez & les plus illustres conviennent, *La vie heureuse descendroit mesme jusques dans le Taureau de Phalaris.* Cecy enfin que chacun des Sages approuve, & que rapporte Ciceron, *S'accommoder au temps*, *Suivre Dieu*, *Se connoitre*, *Rien dans l'excez*, &c.

TROISIEME PARTIE.

DU SYLLOGISME.

DE mesme que la Proposition est tissuë de simples Notions, ainsi cette espece principale de Pensée qu'on appelle Syllogisme est composée de Propositions. Car toutes les fois que l'Entendement reconnoit que deux Notions conviennent avec une troisieme, ce qui se fait par deux Propositions, aussitost il infere, & prononce qu'elles conviennent entre elles: Ou s'il reconnoît que l'une convient, & que l'autre ne convient pas, ce qui se fait aussi par deux Propositions, il prononce aussitost qu'elles ne conviennent pas entre elles.

Le Syllogisme n'est donc autre chose qu'une Pensée, ou un discours interieur, par lequel de deux Propositions posées, l'on en collige ou recueille necessairement une troisieme, *Colligitur necessariè tertia*. De là vient que les Latins cõformement aux Grecs, l'on appellé *Collectio*, & plus frequemment *Ratiocinatio*, parceque c'est comme une espece de calcul, par lequel en ajoûtant, ou en ostant l'on recueille la somme, ou le residu, *Colligitur summa, aut residuum.* Car de mesme que si à trois vous ajoûtez deux, vous recueillerez cinq, *Colliges quinque*, ainsi si à cette Proposition, *l'Homme est un Animal*, vous ajoûtez cette autre, *Tout Animal sent*, vous recueillerez celle-cy, *istam Colliges*, *Donc l'Homme sent.* On l'appelle aussi Discours, *Quòd ex uno in aliud quasi transcurratur*, parceque de l'un l'on passe, pour ainsi dire, à l'autre. Il est aussi appellé Argumentation, *Quòd ex uno, alterove arguatur aliud*; parceque d'une, ou de deux choses l'on en presume, l'on en tire, l'on en infere une autre.

Or de trois Propositions dont le Syllogisme est formé, La premiere est d'ordinaire appellée, comme par excellence, Proposition, parce qu'elle est proposée comme la base de tout le raisonnement; La seconde est dite la Reprise, en Latin *Assumptio*, *quasi assumatur in subsidium ad inferendam ter-*

tertiam. Toutes les deux ſont dites Premiſſes, parce qu'elles ſont miſes devant la troiſieme ; & pour la meſme raiſon, parce qu'elles precedent la troiſieme, l'une & l'autre conjointement eſt dite Antecedent.

Pour ce qui eſt de la troiſieme elle eſt dite Concluſion, parce qu'elle eſt comme la clôture *Clauſula* de tout le raiſonnement. Elle eſt auſſi dite *Complectio*, parce qu'elle comprend les deux Notions, apres qu'elles ont eſté chacune à part comparées avec la troiſieme. Deplus elle eſt dite Conſequence, & Conſequent, parce qu'elle ſuit de l'Antecedent. Enfin elle eſt dite *Illatio*, & *Iudicium Illatiuum*, parce qu'elle eſt inferée de ce qui a eſté poſé, & ce par la force de la particule illative *Donc*, *C'eſtpourquoy*, &c.

Remarquez que la Concluſion eſtant la principale partie du Syllogiſme, cela fait qu'encore que la Propoſition, & la Repriſe *Aſſumptio* ayent leurs Sujets, & leurs Attributs, neanmoins dans le Syllogiſme le Sujet, & l'Attribut de la Concluſion ſont dits Suject, & Attribut, comme par excellence.

Car l'on ſuppoſe la Concluſion comme miſe en queſtion, & comme ſi l'on en avoit fait un Probleme, par exemple de cette maniere, *l'Homme eſt-il Vivant, ou non?* Et parceque le Probleme a deux parties, ſelon leſquelles l'on peut repondre, l'une Affirmative, par exemple *l'Homme eſt Vivant*; l'autre Negative, par exemple *l'Homme n'eſt pas Vivant*, pour cette raiſon l'on en choiſit une qu'on ſe propoſe comme la future Concluſion, & pour la preuve de laquelle l'on cherche un Argument, un Argument, diſ-je, qui ait de la convenance, ou un rapport raiſonnable avec le Sujeƈt, & l'Attribut de cette future Concluſion.

Et parceque cet Argument eſt quelque choſe qui eſt entre le Sujet, & l'Attribut, on l'appelle ordinairement *Medium* le Moyen, & pour cette raiſon le Sujet, & l'Attribut ſont dits les Extremes, ou les Termes. Ce qui eſt principalement evident dans ces Syllogiſmes dont la Concluſion eſt Affirmative. Car dans l'exemple que nous avons apporté; *l'Homme eſt un Animal, l'Animal eſt Vivant, donc l'Homme est Vivant*; Homme, & Vivant sont les Extremes, & le *Medium* Animal est entre-deux, parceque comme il est Genre au regard de l'Homme, ainsi il est Espece au regard du Vivant.

Cecy par la mesme raison a passé au Syllogisme dont la Conclusion est Negative. Car dans ce Syllogisme, *l'Homme est un Animal, l'Animal n'est pas une Pierre, Donc l'Homme n'est pas une Pierre*; Animal ne laisse pas aussi d'estre dit *Medium*, quoy qu'il ne soit pas *Medium* de mesme: Mais il peut aussi estre dit *Medium*, en ce qu'il est ce par l'entremise de quoy l'on tire la Conclusion.

Le Sujet est aussi ordinairement appellé le Petit-Extreme, & l'Attribut le Grand-Extreme, parceque celuy-cy a plus d'etenduë que celuy-là, comme il se voit aussi principalement dans les Syllogismes Affirmatifs; car *Homme*, par exemple, ne comprend pas tant de choses que *Vivant*.

Où vous remarquerez que parceque l'on construit d'ordinaire le Syllogisme Affirmatif que nous avons apporté, par exemple, en transposant les

Premisses de cette maniere, *l'Animal est Vivant, l'Homme est un Animal, Donc l'Homme est Vivant*, & qu'ainsi le grand-Extreme est dans la Proposition, le petit-Extreme dans la Reprise ; cela fait que tres souvent ce que nous appellons Proposition est dit Majeure, & ce que nous appellons la Reprise est dit Mineure.

Au reste, nous apportons icy des exemples par de simples voix, *Homme, Animal, Vivant, Pierre*, & par consequent par de simples Propositions qui en sont formées, *l'Homme est un Animal, l'Animal est Vivant, l'Homme n'est pas une Pierre*, &c. afin que le Syllogisme estant simple, la nature en soit plus clairement expliquée, & puisse estre plus aisement observée, lorsque l'on en fera de Conjoints, ou Composez.

Car dans celuy-cy, par exemple, *Le Manger, & le Boire sont des choses dont on ne se sçauroit passer dans la vie ; Or ces sortes de choses dont on ne se sçauroit passer sont absolument necessaires à la vie; Donc le manger, & le boire sont absolument necessaires à la vie* : Il est aisé d'observer que le Sujeɫ, ou le petit-Extreme eſt *le boire, & le manger*, l'Attribut ou le grand-Extreme, *les choſes abſolument neceſſaires à la vie*, & qu'enfin le *Medium* ou l'Argument eſt cecy, *ces ſortes de choſes dont on ne ſe ſcauroit paſſer dans la vie.*

Et parce que le Syllogiſme ſoit Simple, ſoit Compoſé, peut eſtre ou Abſolu, comme ceux que nous avons apportez ; ou (pour toucher un mot des autres principaux) Hypothetique, ou Conditionel; comme, *Si le Soleil luit, il eſt jour ; Or le Soleil luit ; Donc il eſt jour.* Ou Proportionel ; comme, par exemple, *De meſme que la baſe eſt à la colomne, ainſi la Juſtice eſt à la Republique ; Mais la baſe eſtant oſtée, la colomne ſe renverſe ; C'eſtpourquoy la Juſtice eſtant oſtée la Republique ſe renverſe.* Ou Disjonɫif, comme quand on dit, *Ou ils ont deſſein de ſervir, Ou de plaire ; Ils ne ſe ſoucient pas de ſervir ; Ils ont donc deſſein de plaire :* Parce qu'il en eſt, dis-je, de la ſorte, & que ce que nous avons dit juſques à preſent convient principalement au Syllogiſme Abſolu, il eſt à propos avant que de paſſer aux autres, de propoſer les Regles du Syllogiſme Abſolu.

REGLE I.

La Forme du Syllogiſme Abſolu la plus commode eſt, que le Medium *ou Moyen ſoit placé au milieu entre le Sujet, & l'Attribut.*

CAr ſi ces trois Termes ſont conceus en cet ordre, *Sujet*, *Moyen*, *Attribut*, tels que ſont *Homme*, *Animal*, *Vivant*; Et que nous concevions que la Propoſition ſe fait en enonçant le Moyen du Sujet, comme *l'Homme eſt un Animal*; que la Repriſe ſe faſſe en enonçant ou niant l'Attribut du Moyen, comme *l'Animal eſt vivant*; & qu'enfin la Concluſion ſe faſſe en enonçant, ou en niant l'Attribut du Sujet, comme *Donc l'Homme eſt vivant*; Si nous en uſons, dis-je, de la ſorte, le *Medium* ou Moyen qui eſt *Animal*, ſera effectivement *Medium* ou au milieu, aſcavoir entre le Sujet par où commence le Syllogiſme, & l'Attribut par où il finit; & il n'y a rien de plus commode, ou qui ſoit plus naturel que commençant par un Extreme, de paſſer par le milieu pour parvenir à l'autre Extreme.

Aussi est-ce là la propre pensée d'Aristote l'Inventeur de l'Art. Ce n'est pas neanmoins que le Moyen ne puisse, & ne commence mesme d'ordinaire la Proposition, qu'il ne termine la Reprise, & que les Extremes ne soient au milieu, comme

L'Animal est vivant,
L'Homme est un Animal,
Donc l'Homme est vivant.

Ce n'est pas, dis-je, que cette Forme ne soit aussi tres belle, puisque c'est la mesme que l'autre, qu'elle ne differe que dans la transposition des Premisses; & qu'elle est d'autant plus magnifique qu'elle commence par la plus generale; mais celle-cy, comme elle procede plus simplement, & qu'elle a sa force comme l'autre, aussi est-elle plus naturelle, comme j'ay dit. Car il est plus naturel de commencer par le commencement que par le milieu.

Joint que lorsque nous avons à prouver une Conclusion, & que nous jettons les yeux sur les Amas, nous prenons premierement garde au Suject, afin que nous discernions dans quel Amas il eſt; & qu'ayant trouvé l'Amas, nous examinions ſi le Sujet eſt dans cet Amas, lequel ſoit dans l'Amas de l'Attribut. Car ayant eſté proposé en queſtion, *ſi l'Homme eſt Vivant*, on prend garde à l'Amas dans lequel eſt l'Homme, & l'ayant decouvert dans l'Amas des Animaux, & celuy-cy eſtant dans l'Amas des Vivants, l'Entendement prononce auſſitoſt que l'Homme eſt dans l'Amas des Vivants, & c'eſt le meſme que de dire, *l'Homme eſt un Animal, l'Animal eſt Vivant, Donc l'Homme eſt Vivant.*

Cecy ſe fait tout de meſme que quand on demande *ſi Paris eſt dans l'Europe*: Car l'Entendement ne fait autre choſe que chercher en un moment dans quelle Region eſt Paris; & lors qu'il a decouvert qu'il eſt en France qui eſt une Partie de l'Europe, il prononce tout auſſitoſt, qu'il eſt dans l'Europe, aſcavoir en raiſonnant de cette maniere, *Paris eſt dans la France, Et la France eſt dans l'Europe, Donc Paris eſt dans l'Europe.* Il eſt vray qu'il eſt permis de s'enoncer de cette premiere maniere, *La France eſt dans l'Europe, Paris eſt dans la France, Donc Paris eſt dans l'Europe*; mais c'est seulement renverser la Forme naturelle selon laquelle la chose a esté inventée.

REGLE II.

Il y a deux Figures de la Forme du Syllogisme Absolu, l'une Liée, ou Conjointe; l'autre Deliée, ou Disjointe; la premiere Affirmative; la seconde Negative.

CAr, comme la Forme, ou l'Idée du Syllogisme Absolu est, que le Sujet soit mis au premier lieu, le Moyen au second, l'Attribut au troisième; & que d'ailleurs l'on dit communement qu'il y a des Figures des Syllogismes; pour cet effet, afin que le nom ne soit pas sans la chose, ces trois Termes semblent pouvoir estre representez d'une telle maniere, que quelques lignes estant tirées entre eux, ils paroissent joints, & liez mutuellement; ou que n'y en ayant point de tirées, ils paroissent deliez, & disjoints.

Ainsi il se fera generalement deux

Figures, dont la premiere ſera dite Liée, Conjointe, & Affirmative, parce que toutes les parties y ſeront liées ou conjointes, le Sujet avec le Moyen, le Moyen avec l'Attribut, & le Sujet avec l'Attribut; enſorte qu'il ſe fera trois Propoſitions ou Enonciations qui ſeront toutes Affirmatives.

La ſeconde ſera dite Deliée ou Disjointe; parce qu'encore que le Sujet y ſoit lié avec le Moyen, le Moyen eſt toutefois delié, ou disjoint de l'Attribut, & le Sujet disjoint du meſme Attribut; enſorte qu'il ſe fera trois Propoſitions, la premiere deſquelles ſera veritablement Affirmative, mais les deux autres ſeront Negatives.

Nous dirons cy-apres comment ces deux Figures ſont les meſmes avec la premiere d'Ariſtote; cependant elles ſe pourront tracer de cette maniere.

Premiere Figure Liée ou Conjointe, & Affirmative.

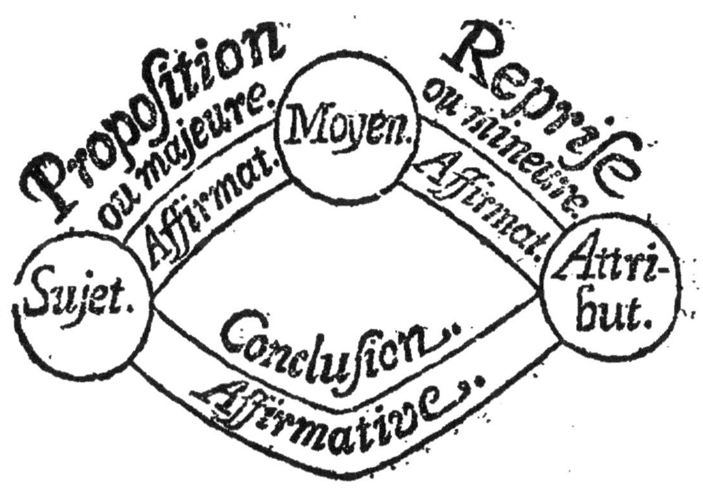

Seconde Figure Deliée ou Disjointe, & Negative.

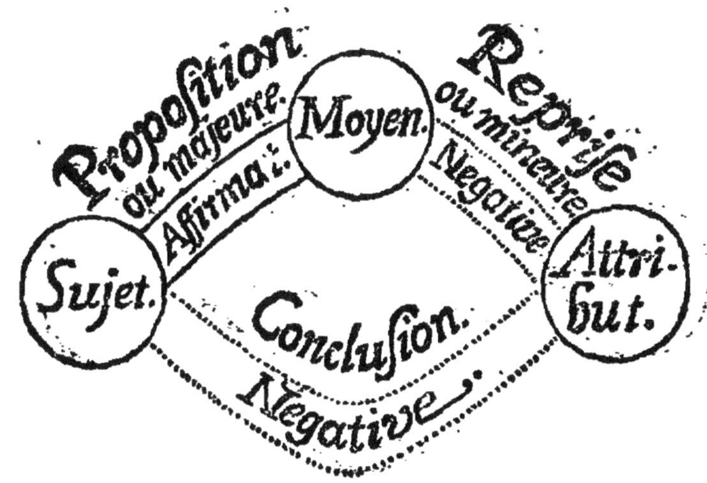

REGLE III.

Pour la Premiere Figure.

Ce qui est conjoint ou adherant à quelque chose, est aussi conjoint avec ce qui est necessairement conjoint à cette chose.

CEcy est evident, & il arrive de là que parce que le Sujet est conjoint avec le Moyen, & le Moyen avec l'Attribut, le Sujet est aussi conjoint avec l'Attribut ; & par consequent encore, que le Moyen estant affirmé du Sujet, l'Attribut qui est affirmé du Moyen, est aussi affirmé du Sujet.

La Regle se pourroit encore proposer de cette maniere, *Ce qui est contenu par quelque chose, est aussi contenu par ce par quoy cette chose est contenuë*, ayant en veüe cette Suite d'Amas, où l'on voit que l'Homme, par exemple, est contenu dans l'Animal, qui est contenu dans le Vivant ; & Socrate dans l'Homme, qui est contenu dans l'Animal ; tout de mesme que Paris est contenu dans la France, qui est contenuë dans l'Europe. Mais en la premiere maniere la Regle s'accommode mieux à la Figure.

REGLE IV.

Pour la Seconde Figure.

Ce qui est conjoint à quelque chose, est disjoint de ce dont cette chose est disjointe.

CEcy est encore evident, & il arrive de là, que parce que le Suject est conjoint avec le Moyen, & le Moyen disjoint, ou separé de l'Attribut, le Suject est aussi disjoint de l'Attribut; & par consequent, qu'encore que le Moyen soit affirmé du Suject, l'Attribut neanmoins, parce qu'il est nié du Moyen, est aussi nié du Suject.

La Regle se pourroit aussi proposer en cette maniere, *De là d'où le contenant est exclus, de là mesme le contenu est aussi exclus*, ayant aussi en veüe ces Suites, ou Amas de Choses selon lesquels, parce que l'Animal, par exemple, est exclus de l'Amas des pierres, & des autres choses inanimées, l'Homme qui est contenu par l'Animal, ou dans l'Amas des Animaux, en est aussi exclus ; & Socrate pareillement qui est contenu dans l'Homme, lequel est contenu dans l'Animal ; de la mesme façon que Paris est exclus de l'Afrique, parce que la France dans laquelle est contenu Paris, en est excluse. Mais cette Regle s'accommode aussi mieux en l'autre maniere à la Figure.

Vous demanderez peutestre, pourquoy toutes les parties estant Liées dans la Premiere Figure, elles ne sont pas toutes Deliées dans la Seconde, le Suject au contraire, & le Moyen y estant liez ensemble ? La raison de cecy est, que s'il n'y avoit rien de lié dans le Syllogisme, ce ne seroit qu'un Amas de pieces decousuës qui ne seroit bon à rien, & qui ne prouveroit rien ; car il est constant qu'on ne prouve que l'Attribut n'est point conjoint avec le Suject, que parce qu'il n'est pas conjoint avec le Moyen, qui est conjoint avec le Sujet.

Aussi est-ce pour cela qu'on dit que *De deux Premisses Negatives il ne se conclut rien sûrement*. En effet, si vous croyez avoir bien & veritablement cõclu en cette maniere, *Nul Homme n'est plante, Nulle plante n'est pierre, Donc nul homme n'est pierre*, il y aura ſujet de croire que vous aurez encore bien & veritablement conclu de cette ſorte, *Nul homme n'est plante, Nulle plante n'est Animal, Donc nul homme n'est Animal.*

REGLE V.

Il y a trois Modes de chaque Figure, aſcavoir un General, un Particulier, & un Mixte.

CAr, puiſque les Figures eſtant conſiderées en general, & que *l'Homme*, par exemple, eſtant pris pour Sujet, *Animal* pour Moyen, *Vivant*, ou *Pierre* pour Attribut, l'on peut ſeulement dire indefiniment, *l'Homme est un Animal, l'Animal est vivant, Donc l'Homme eſt vivant*; ou, *l'Homme est un Animal, l'Animal n'est pas une Pierre, Donc l'Homme n'est pas une pierre*: Il eſt conſtant que l'une & l'autre Figure ſe peut comme diverſifier en pluſieurs manieres, en ce qu'outre que dans la Premiere Figure toutes les Propoſitions ou Enonciations ſont Affirmatives, & que dans la Seconde la premiere eſt Affirmative, & les deux autres Negatives, ces Propoſitions peuvent definiment devenir Generales, Particulieres, ou Mixtes.

Car ſi elles ſont toutes generales, le Mode pourra eſtre dit General; ſi toutes particulieres Particulier; ſi l'une aſcavoir la Repriſe generale & les deux autres particulieres Mixte.

Or il ne peut pas y avoir un Mode Mixte ou Composé d'une particuliere, & de deux generales; parce que ſi les deux Premiſſes ſont generales, il ſuit encore naturellement une Concluſion generale; & ſi l'une des Premiſſes eſt particuliere, il faut de neceſſité qu'il ſuive une Concluſion particuliere, conformement à cet Axiome, *La Concluſion ſuit toujours la partie la plus foible*, c'eſt à dire que ſi l'une des deux Premiſſes eſt particuliere, la Concluſion *eſt particuliere*, ſi elle eſt negative, la Concluſion *eſt negative*.

Mais d'ou vient qu'encore que l'on diſe que *De deux Premiſſes particulieres il ne ſe conclut rien sûrement*, nous admettons neanmoins un Mode de Syllogiſme, dans lequel l'une & l'autre ſont particulieres ? Je repons que cet Axiome ſe doit entendre des Premiſſes qui ſoient Vagues & Indeterminées ; car ſi l'on conclut ainſi, *Quelque Homme eſt Animal, Quelque Animal eſt vivant, Donc quelque Homme eſt vivant*; par cette meſme raiſon vous conclurez ainſi, *Quelque Homme eſt Animal, Quelque Animal a quatre pieds, Donc quelque Homme a quatre pieds* : Et ſi l'on conclut ainſi, *Quelque homme eſt Animal, Quelque Animal n'eſt pas plante, Donc quelque homme n'eſt pas plante*, l'on conclura par la meſme raiſon ainſi, *Quelque Homme eſt Animal, Quelque Animal n'eſt pas raiſonnable, Donc quelque homme n'eſt pas raiſonnable*.

Cet Axiome doit donc eſtre entendu des Premiſſes Vaques & indeterminées, mais nõ pas des Premiſſes qui ſont determinées ou par un nom propre, ou par le pronom demonſtratif ; parce qu'il y a grande diſparité, en ce que dans les Vagues la premiere des Premiſſes s'entend d'un certain particulier, & la ſeconde d'un autre, ſibien que

que ce n'est pas merveille que proposant de l'un, l'on conclud de l'autre : Mais dans les Determinées l'une & l'autre des Premisses s'entendent du mesme, si bien que la Conclusion se tire du mesme. Que si dans le Mode Mixte il entre une Proposition Vague, c'est parceque l'autre estant generale, elle comprend quelque Individu que ce soit, soit vague, soit determiné ; de sorte que la Conclusion se peut tirer de l'un & de l'autre.

Or voicy les exemples de chacun des Modes de l'une & de l'autre Figure.

Modes de la Figure Liée, ou Affirmative.

General. { *Tout homme est animal*,
Tout animal est vivant,
Donc tout homme est vivant.

Particulier. { *Socrate* (ou cet homme) *est fils de Sophronisque*,
Or le fils de Sophronisque est le Maistre de Platon,
Donc Socrate (ou cet hõme) *est le Maistre de Platon*.

Mixte. { *Socrate* (ou cet hõme, ou quelque homme) *est animal*,
Or tout animal est vivant,
Donc Socrate (ou cet hõme, ou quelque homme) *est vivant*.

Modes de la Figure Deliée, ou Negative.

General. { *Tout homme est animal*,
Or nul animal n'est pierre,
Donc nul homme n'est pierre.

Particulier. { *Socrate* (ou cet homme) *est fils de Sophronisque*,
Or le fils de Sophronisque n'est pas disciple de Platon,
Donc Socrate (ou cet homme) *n'est pas disciple de Platon*.

Mixte. { *Socrate* (ou cet homme, ou quelque homme) *est animal*,
Or nul animal n'est pierre,
Donc Socrate (ou cet homme, ou quelque homme) *n'est pas pierre*.

REGLE VI.

La premiere Figure d'Ariſtote appartient en partie à la Figure Liée, & en partie à la Figure Deliée.

ENcore que cette maniere de conſtruire les Syllogiſmes ſoit tres aiſée, & tres generale, il ſemble toutefois qu'on doit examiner ſi les trois Figures qu'a données Ariſtote contiennent quelque choſe de plus aiſé, ou de plus ample.

L'on diſtingue preſentement ces trois Figures de telle maniere, que celle-là eſt tenuë pour la Premiere, dans laquelle le Moyen commence la Majeure, & termine la Mineure, & dans laquelle on tire une Concluſion generale, particuliere, affirmative, negative.

La Seconde dans laquelle le Moyen termine la Majeure, & la Mineure, & dans laquelle on tire ſeulement une Concluſion negative.

La Troisieme dans laquelle le Moyen commence la Conclusion particuliere.

Quant aux Modes de la Premiere, Aristote en a seulement fait quatre, qui sont les principaux & naturels, parce qu'ils concluent naturellement, & que l'Esprit s'y porte comme de luymesme ; mais l'on en a ajoûté cinq qui sont dits non-naturels, parce qu'ils ne concluent pas naturellement, & que l'Esprit ne s'y porte pas volontiers, & ainsi l'on en conte neuf de la premiere Figure, quatre de la seconde, & six de la troisieme ; si bien qu'on en conte en tout dixneuf qu'on a coûtume d'exprimer par ces Vers artificiels.

Barbara, Celarent, Darij, Ferio ; Baralipton,
Celantes, Dabitis, Fapesmo, Frisesomorum.
Cesare, Camestres, Festino, Baroco. Darapti,
Felapton, Disamis, Datisi, Bocardo, Ferison.

La premiere syllabe de chaque mot marque la Majeure, la seconde la Mineure, la troisieme la Conclusion ; & la Voyelle *A* marque en mesme temps que la Proposition qui luy repond est generale affirmative, *E* qu'elle est generale negative, *I* particuliere affirmative, *O* particuliere negative.

Pour mieux retenir cecy on a fait ces deux Vers.

Asserit A, *negat* E, *verùm generaliter ambo.*

Asserit I, *negat* O, *verùm particulariter ambo.*

Il faut observer que ce n'est pas sans raison que tout le monde tient pour parfaits ces quatre premiers Modes de la premiere Figure, *Barbara*, *Celarent*, *Darij*, *Ferio*; car ils le sont effectivement, tous les autres estant imparfaits, & n'ayant de force qu'entant qu'ils se reduisent à eux.

Or, sans nous arrester à ces cinq derniers ajoûtez *Baralipton*, *Celantes*, &c. considerez seulement, afin de voir combien ils sont differens des quatre premiers dans la maniere de conclure, qu'autant que dans *Barbara* on conclut naturellement de cette sorte.

Bar- *Tout animal est vivant*,
ba- *Tout homme est animal*,
ra. *Donc tout homme est vivant.*

Autant conclut-on en *Baralipton* contre nature de cette maniere.

Ba- *Tout animal est vivant*,
ra- *Tout homme est animal*,
lipton. *Donc quelque vivant est homme.*

Car encore que la Conclusion soit vraye, elle est toutefois contre le fil du raisonnement, & detournée au contraire de ce que l'on attend, au lieu de celle-cy, *donc tout homme est vivant.*

Au reste, il est evident que de ces quatre Modes parfaits, le premier, & le troisieme, c'est à dire *Barbara*, & *Darij*, sont en effect les mesmes avec le General, & le Mixte de la Figure Liée, que le second, & le quatrieme, c'est à dire *Celantes*, & *Ferio*, sont les mesmes avec le General, & le Mixte de la Figure Deliée (en ce qu'il n'y a de difference que dans la transposition des Premisses) & qu'ainsi la premiere Figure d'Aristote regarde en partie la Figure Liée, & en partie la Deliée.

De là vient que nous n'improuvons veritablement pas la Figure & ses Modes, au contraire nous en faisons une tres grande estime, en ce que l'on se peut servir indifferemment de tous ces Modes, & que c'est la mesme chose: Mais nous avons neanmoins trouvé à propos d'introduire cette distinction de deux Figures, & de trois Modes dans chacune de ces Figures, tant pour les raisons que nous avons apportées plus haut, que parceque de cette maniere tous les Syllogismes (mesme les particuliers dont Aristote n'a point parlé) se construisent uniformement, & que ceux qui sont d'une autre Forme se reduisent aisement à celle-cy, & s'eprouvent sur celle-cy, comme sur la pierre de touche; veu que quand on connoit que le Moyen est mis entre deux Extremes c'est enfin pour lorsqu'on sent la force de la Consequence, ou qu'on s'apperçoit qu'une telle Conclusion doit suivre.

REGLE VII.

La Seconde Figure d'Aristote se reduit à la Figure Deliée ou Disjointe.

CEtte Reduction se fera, si, parceque dans la Figure Disjointe ou detachée il doit aussi y avoir une Proposition affirmative, vous faites dans ces Modes *Cesare*, & *Festino*, de la Mineure la Majeure, & de la Majeure la Mineure, mais en la tournant simplement; c'est à dire en faisant du Sujet l'Attribut, & de l'Attribut le Sujet. Ainsi de ce Syllogisme en *Cesare*, par exemple.

Ce-*Nul animal n'est pierre,*
sa- *Tout Agate est pierre,*
re. *Donc nulle Agate n'est animal.*

Vous ferez ce Syllogisme General negatif.

Toute Agate est pierre,
Nulle pierre n'est animal,
Donc nulle Agate n'est animal.

Et dans ces Modes *Camestres*, & *Baroco*, parceque la Majeure est affirmative, il la faut pour cette raison retenir, sinon que dans *Baroco* il la faut faire de generale particuliere, & qu'a l'égard de la Mineure, il la faut convertir simplement dans l'un & dans l'autre, & dans *Baroco* la faire de generale particuliere. Car ainsi dans l'un & dans l'autre la Conclusion inverse suivra d'elle-mesme, & ce Syllogisme, par exemple, en *Camestres*.

Ca- *Toute Agate est pierre,*
mes-*Nul animal n'est pierre,*
tres. *Donc nul animal n'est Agate.*

deviendra ce Syllogisme General negatif.

Toute Agate est pierre,
Nulle pierre n'est animal,
Donc nulle Agate n'est animal.

Et celuy-cy dans *Baroco*.

Ba- *Toute Agate est pierre,*
ro- *Quelque animal n'est pas pierre,*
co. *Donc quelque animal n'est pas Agate.*

deviendra ce Mixte negatif.

Quelque Agate est pierre,
Nulle pierre n'est animal,
Dõc quelque Agate n'est pas animal.

Or dans tout cecy ce changement de Suject, & d'Attribut ne doit aucunement troubler, ou causer de la confusion; parce qu'il se fait seulement dans des Propositions negatives, dans lesquelles le Suject, & l'Attribut se repugnent mutuellement, en sorte qu'il est autant impossible qu'aucun animal soit Agate ou pierre, qu'il est impossible qu'aucune Agate ou qu'aucune pierre soit animal. Et pareillement cette Conversion qui se fait de generale en particuliere, & de particuliere en generale dans *Baroco* ne doit pas aussi faire de la peine; car ainsi il se fait une compensation, & dans l'un, & dans l'autre il se tire une Conclusion particuliere.

REGLE VIII.

La troisieme Figure d'Aristote se rapporte, partie à la Figure Liée, & partie à la Deliée.

EN effect, trois de ses six Modes estant affirmatifs, & trois negatifs, & la Conclusion de tous ces Modes particuliere; il est constant que les trois premiers, par exemple, *Darapti, Disamis, Datisi*, se rapportent au Mixte affirmatif, & ces trois derniers *Felapton, Bocardo, Ferison*, au Mixte negatif.

Or tous les Affirmatifs, & tous les Negatifs peuvent estre reduits en faisant de la Mineure la Majeure, & en la tournant & rendant particuliere de generale, si elle ne l'est deja; & en faisant de la Majeure la Mineure, & la faisant generale, si elle ne l'est deja. Car, par exemple, ce Syllogisme en *Darapti*.

Da- *Tout homme est animal,*
rap- *Tout homme est vivant,*
ti. *Donc quelque vivant est animal.*

se fera ainsi Mixte affirmatif.

Quelque vivant est homme,
Tout homme est animal,
Donc quelque vivant est animal.

Et celuy-cy en *Bocardo*.

Quelque homme n'est pas pierre,
Tout homme est animal,
Donc quelque animal n'est pas pierre.

se fera ainsi Mixte negatif.

Quelque animal est homme,
Nul homme n'est pierre,
Donc quelque animal n'est pas pierre.

Et ces inversions ne doivent point encore faire de peine; parce qu'elles se font legitimement, acause de l'Equipollence par laquelle le terme *quelque* rend la Proposition generale equivalente à la particuliere, & fait par consequent que Tout Homme, par exemple, soit autant animal ou vivant, que quelque vivant ou animal est homme.

Il y a en tout cecy beaucoup de Vetilles, & qui sont mesme en quelque Autheur que ce soit assez obscures & degoustantes, mais il ne faut neanmoins pas laisser de les toucher, quand ce ne seroit que parce que c'est la coûtume, & qu'il ne les faut pas ignorer tout à fait; d'ailleurs nous apprenons par là, & nous-nous acoûtumons à developper, & à rectifier les raisonnemens qui sont embarrassez & detournez, ce qui est d'une grande utilité, en ce que la Majeure, la Mineure, & la Conclusion d'un Syllogisme estant clairement proposées, on peut examiner ce qu'elles on de force & d'etenduë. Et c'est pour cela mesme qu'il est à propos de toucher aussi quelque chose de l'Enthymeme, de la Gradation, & de l'Induction; car encore que ces Formes d'argumenter passent pour estre plus imparfaites que les autres, elles se rapportent neanmoins à l'une, ou à l'autre des Figures que nous avons proposées.

REGLE IX.

L'Enthymeme, ou cette espece de Syllogisme dans lequel l'une des deux Premisses est de telle maniere supprimée qu'elle est toutefois sous-entenduë, regarde l'une & l'autre Figure.

CAr l'Enthymeme semble estre dit Enthymeme de ce que l'une des Premisses est exprimée de bouche, & que l'autre demeure *ἐν θυμῷ dans l'Esprit*; d'ou vient que lorsqu'on dit que l'Enthymeme est un Syllogisme imparfait, il faut entendre que c'est de bouche seulement, d'autant qu'il est parfait dans l'Esprit; & comme il est affirmatif ou negatif, il faut aussi qu'il appartienne ou à la Figure Liée; ou à la Figure Deliée.

Et certes, si l'on ne retenoit pas en soy mesme la Mineure qu'on supprime de bouche, l'Esprit ne ressentiroit point la force de la Consequence, & rien ne l'obligeroit à ajoûter la Conclusion. Car toutes les fois que quelqu'un dit, par exemple, *Tout animal est doüé de sentiment, donc l'homme est doüé de sentiment*, il n'infere, & ne tire la Conclusion, que parce qu'il voit ou connoit en mesme temps *que l'homme est un animal*; & lorsqu'il dit, *Tout homme est animal, donc tout homme est doüé de sentiment*, il n'infere aussi de la sorte, que parce qu'il voit & entend que c'est le propre de *Tout animal d'estre doüé de sentiment*.

Au reste, on sçait que la Proposition exprimée s'appelle d'ordinaire *Antecedent*, la Conclusion *Consequent*, & que la Consequence estant d'ailleurs la force mesme, & la raison d'inferer, *ratio illationis*, ou la liaison, & la dependance du Consequent avec l'Antecedent, il se peut faire que l'Antecedent & le Consequent soient vrais, comme dans cet exemple, *la Lune est dans le Ciel, donc l'homme est doüé de sentiment*, & que toutefois la Consequence soit nulle, ce qui fait qu'on nie pour lors, non pas l'Antecedent, ni le Consequent, mais la Consequence.

REGLE X.

La Gradation, ou cette espece de Syllogisme qui abonde en Premisses, n'a lieu que dans la Figure Liée.

EN effect, cette sorte de Syllogisme se forme quelquefois lorsqu'entre le Suject, & l'Attribut il y a plusieurs Moyens qui se tirent de suite par des Reprises multipliées, comme lorsqu'on dit, *Tout homme est animal*, & *Tout animal est vivant*, & *Tout vivant est corps*, & *Tout corps est substance*, *donc Tout homme est substance*, qui est ce qu'on appelle d'ordinaire argumenter *du premier au dernier*.

Et alors toutes ces Reprises ne doivent passer que pour une seule, ou il faut entendre qu'il s'en peut faire autant de Syllogismes. Car, parceque pour prouver cette Conclusion, *Tout homme est substance*, l'Animal qui est pris pour Moyen, est veritablement conjoint & avec l'homme, & avec la substance, non pas immediatement, mais par le moyen des degrez de l'Entendement, & du Corps qui ſont entre-deux ; cela fait que ces degrez ſont parcourus tout d'une traite, comme pour epargner le temps ; quoyque d'ailleurs il s'en puiſſe faire autant de Syllogiſmes.

Car on ſuppoſe que ce Syllogiſme ſe doit premierement faire, *tout homme eſt animal, tout animal eſt ſubſtance, donc tout homme eſt ſubſtance*; & que pour prouver la Mineure on ajoûte celuy-cy, *tout animal eſt vivant, tout vivant eſt ſubſtance, donc tout animal eſt ſubſtance* ; & derechef, que pour prouver cette nouvelle Mineure on joint celuy-cy, *tout vivant eſt corps, & tout corps eſt ſubſtance, donc tout vivant eſt ſubſtance.*

C'eſtpourquoy, afin d'abreger la choſe, l'Attribut eſt une ſeule fois enoncé du Sujeƈt, eſtant evident que la Subſtance eſt conjointe avec le Corps, qui eſt conjoint avec le Vivant, qui eſt conjoint avec l'Animal, qui eſt conjoint avec l'Homme.

Cependant il eſt viſible que ces Gradations n'ont lieu que dans la Figure Liée ou Affirmative ; parceque la negation marqueroit une diſ-jonction ou ſeparation de cette ſuite d'Attributs qui doivent avoir une liaiſon entre eux depuis le premier juſqu'au dernier, comme ſi vous diſiez, *Tout homme eſt animal, Nul animal n'eſt pierre, Nulle pierre n'eſt vivante, donc Nul homme n'eſt vivant.*

REGLE XI.

L'Induction, par laquelle on conclut quelque choſe en faiſant le denombrement de pluſieurs ſinguliers, appartient à l'une & à l'autre Figure.

CAr l'Induction eſt auſſi en effect un Syllogiſme, & en quelque façon d'eſpece moyene entre l'Enthymeme, & la Gradation ; en ce que l'Induction manque comme l'Enthymeme d'une Propoſition, qui eſt toutefois ſouſ-entenduë, & qu'elle abonde comme la Gradation en Repriſes ou Mineures, mais qui ſont toutefois collaterales, ou de meſme degré.

Ainſi lorſqu'on dit, par exemple,

tout animal qui marche est vivant, tout animal qui vole est aussi vivant, & tout animal qui nage, & tout animal qui rampe, donc tout animal est vivant, il y a icy plusieurs Reprises qui selon les especes les plus generales du degré d'Animal, sont ramassées, & comme jointes en une qu'on entend devoir estre precedée par celle-cy, *Tout animal est ou marchant, ou volant, ou nageant, ou rampant, ou Zoophite.*

Car si cette Proposition n'estoit supposée, ou qu'estant supprimée elle ne fust toutefois sous-entenduë, on ne pourroit pas tirer aucune Consequence; puisque s'il y avoit quelque autre animal outre ceux dont on auroit fait le denombrement, la Conclusion seroit fausse.

D'ou il est aisé de voir, qu'afin qu'une Induction soit legitime, elle doit contenir le denombrement de toutes les especes ou parties, d'autant que s'il en manquoit quelqu'une, cela seroit une exception qui detruiroit la preuve. Neanmoins parcequ'il est souvent difficile, comme nous avons deja dit, & mesme impossible de faire le denombrement de toutes, on a coûtume, apres avoir fait le denombrement de quelques-unes, d'ajoûter *& ainsi des autres*, en supposant qu'outre celles dont on a fait le denombrement, il ne s'en rencontre aucune qui soit differente.

Or il est evident que cette espece de Syllogisme peut estre de l'une & de l'autre Figure; puisqu'au lieu que l'exemple que nous avons apporté est de l'Affirmative, ce mesme exemple peut estre de la Negative, si en retenant, ou sous-entendant la mesme Proposition on dit, *Nul animal marchant n'est privé de sentiment, nul volant, nul nageant, nul rampant, nul Zoophite, donc nul animal n'est privé de sentiment*.

L'exemple qui passe aussi pour une Argumentation imparfaite, peut se rapporter à l'Induction, en ce que ce n'est en effect qu'une espece d'Induction imparfaite; d'autant que tout ce qu'il a d'energie pour prouver ne luy vient que de ce qu'encore qu'il ne paroisse pas, il est toutefois en effect un Syllogisme, dont la Proposition qu'on supprime de bouche est supplée par l'Entendement.

Car celuy qui dit, par exemple,

Codrus est mort genereusement pour la Patrie, donc il nous faut aussi mourir genereusement pour la Patrie, conçoit en son Esprit cette Proposition, *Nous devons faire la mesme chose que Codrus.*

Il en est de mesme du Temoignage ou Authorité soit d'un seul, soit de plusieurs qu'on apporte pour tirer une Conclusion, dont la force se sent acause d'une Proposition qu'on supprime, mais qu'on sous-entend. Car lorsqu'on dit, par exemple, *Archimede dit, & les autres Mathematiciens disent que le Soleil est plusieurs fois plus grand que la Terre, donc il faut tenir pour vray que le Soleil est plusieurs fois plus grand que la Terre.* Cette Proposition, *Il faut tenir pour vray ce qu'Archimede, & les autres Mathematiciens comme Experts dans l'Art disent*, est supplée.

Mais sans nous arrester à cecy d'avantage, disons quelque chose de ces trois autres Formes de Syllogisme, asçavoir de l'Hypothetique, de l'Analogique, & du Dis-jonctif.

REGLE XII.

Le Syllogisme Hypothetique, ou Conditonel n'est autre chose qu'une espece d'Enthymeme.

CAr lorsqu'on dit, par exemple, *Si l'homme est animal l'homme est donc vivant, mais l'homme est animal, donc l'homme est vivant*; ou en moins de paroles, comme il se fait d'ordinaire, *Si l'homme est animal, il est vivant*; *Or il est animal, donc il est vivant*: Il est evident que la Proposition, *Si l'homme est animal il est vivant*, est un Enthymeme, d'autant que la Reprise, *Tout animal est vivant*, est sous-entenduë, puisque c'est en vertu de cette Reprise qu'on infere la Conclusion. Il en est de mesme lorsqu'on dit, *Si le Soleil luit il est jour, Or le Soleil luit, donc il est jour*, ou cette Reprise, *Toutes les fois que le Soleil luit il est jour*, est sous-entenduë.

Remarquez de là qu'il ne se peut faire aucun Syllogisme absolu, qui en ajoûtant la particule *Si*, ne puisse devenir Hypothetique, ni aucũ Hypothetique, qui en l'ôtant ne puisse devenir absolu.

Il faut aussi remarquer que l'Enthyme Conditioné ayant deux parties, dont la premiere, par exemple, *Si le Soleil luit*, est dite Antecedent, la derniere, par exemple, *Il est jour*, Consequent, on peut prendre l'Antecedent pour conclure le Consequent, par exemple, *Or le Soleil luit, donc il est jour*, ou oster le Conséquent pour oster l'Antecedent, comme lorsqu'on dit, *Or il n'est pas jour, donc le Soleil ne luit pas.*

A l'egard du Syllogisme Analogique ou Proportionel, ce n'est aussi souvent qu'un Enthymeme, & cette Maxime, *A choses pareilles conviennent choses pareilles*, ou *A choses semblables conviennent choses semblables*, est la Reprise qui est sous-entenduë, comme lorsqu'on dit, *la Justice est à la Republique comme la base à la colomne, Donc la Republique est reciproquement à la Justice comme la colomne à la base.* Car la force de la Consequence depend de ce qu'on demeure d'accord que la Justice & la base, la Republique & la colomne sont des choses semblables; & qu'on suppose qu'a choses semblables, telles que sont la colomne & la Republique, conviennent choses semblables.

Cecy est celebre parmy les Geometres, & principalement parmy les Arithmeticiens, chez lesquels lorsqu'on dit, *2 sont à 4 comme 3 à 6, donc reciproquement 4 sont à 2 comme 6 à 3*, cecy est sous-entendu, *les Semblables conviennent reciproquement aux Semblables*, & ainsi des autres.

REGLE XIII.

Le Syllogisme Dis-jonctif ou oste pour poser, ou pose pour oster; ou se termine en Hypothetique, & se fait plein & uny, ou cornu.

CAr en premier lieu, la Proposition Disjonctive precedant, il oste un membre dans la Mineure, pour poser l'autre dans la Conclusion, par exemple, lorsqu'on dit, *Ou il est jour, Ou il est nuit, Il n'est pas jour, Donc il est nuit*; ou *Il n'est pas nuit, Donc il est jour*. Et il pose pour oster, par exemple, lorsqu'on dit, *Ou il est jour, Ou il est nuit, Il est jour, Donc il n'est pas nuit*; ou *Il est nuit, Il n'est donc pas jour.*

Or parce que ce Syllogisme est fondé sur ce Principe, *Que deux Contradictoires*, (comme *d'estre jour*, & *d'estre nuit*, entant qu'estre nuit est le mesme que n'estre pas jour) *ne peuvent pas en mesme temps estre vrais*; il faut sçavoir, que la dis-jonction ayant plus de deux membres, il en faut opposer un à tous les autres qui passent pour l'autre membre.

De là vient que si cette Proposition se fait, *Socrate est ou Européen, ou Asiatique, ou Africain, ou Americain, ou de la Terre inconnuë*, ou l'un est posé dans la Mineure afin que tout les autres soient ostez dans la Conclusion en cette maniere, *Or Socrate est Européen, Donc il n'est ni Asiatique, ni Africain, &c.* ou tous les autres sont ostez dans la Mineure afin que dans la Conclusion il en soit posé un en cette maniere, *Or Socrate n'est ni Asiatique, ni Africrain, &c. Donc il est Européen.* L'on comprend assez de ce qui a esté dit de l'Induction qu'aucun des membres ne doit estre omis.

En second lieu, la Proposition Disjonctive

jonctive precedant la particule *Si* s'applique dans la Mineure à l'un & à l'autre membre, comme si l'on commençoit un double Syllogisme Hypothetique;& alors on joint à chaque membre la Conclusion qui luy convient sans faire aucune Reprise, comme si l'on dit, *Ou il est jour, Ou il est nuit, S'il est jour il faut travailler, S'il est nuit il faut se reposer.*

Que s'il y a plusieurs membres, la reduction de plusieurs a un, n'est pas necessaire; parceque l'on peut appliquer à chacun d'eux leur particule conditionelle, comme si l'on dit conformement à Aristote, *Tout corps simple se meut ou de la circonference au centre, ou du centre à la circonference, ou alentour du centre; S'il se meut vers le centre, il est pesant comme la Terre; Si du centre vers la circonference, il est leger comme le Feu; Si alentour du centre, il n'est ni pesant, ni leger, comme l'Air.*

Mais tant que la Majeure n'a principalement que deux membres, si le double Syllogisme Hypothetique qui suit conclut clairement & naturellement, le Syllogisme disjonctif se peut appeller plain & uny, comme lorsqu'on dit,

Ou il est jour, Ou il est nuit ; S'il est jour, Donc le Soleil luit; S'il est nuit, Donc les tenebres sont, où l'un & l'autre Consequent s'entend en mesme temps avec l'Antecedent.

Que si veritablement il suit mais d'une maniere surprenante & impreveuë, alors le Syllogisme est appellé Cornu, comme ne frappant pas l'Entendement de plein front, pour ainsi dire, mais avec une espece de pointe qu'il luy presente : En Grec il est appellé Dilemme, comme prenant de part & d'autre ; parceque lequel des deux membres qu'on choisisse, on est comme pris, en ce que l'on sent une Consequence impreveüe. Tel est ce raisonnement des Anciens, *L'on craint la douleur ou parce qu'elle est longue, ou parce qu'elle est grande ; Mais si elle est longue elle est legere, Si elle est grande elle est courte, veu qu'elle se dissout elle mesme, ou emporte le malade.* Tel est encore cet autre raisonnement, *Ou la Femme que vous epouserez sera belle, Ou elle sera laide ; Si elle est belle elle sera aimée de plusieurs ; Si elle est laide, elle vous deplaira.*

Il n'y a toutefois point de plus celebre Dilemme que celuy dont ſe ſervit Evathlus contre ſon Maiſtre Protagoras auquel il avoit promis une grande recompenſe s'il gaignoit la premiere Cauſe qu'il plaideroit, car le premier Plaidoyer qu'il fit eſtant pour ne donner rien à ſon Maiſtre, il ſe ſervit de ce Dilemme, *Ou je perdray cette Cauſe, Ou je la gaigneray; Si je la perds, je ne devray rien ſelon la convention; Si je la gaigne, je ne donneray rien par la Sentence.* Et Protagoras luy retorqua le Dilemme de cette ſorte, *Ou vous gaignerez cette Cauſe, ou vous la perdrez; Si vous la perdez, vous devrez par la Sentence; Si vous la gaignez, vous devrez ſelon la convention.*

Il n'eſt pas neceſſaire de vous dire que le Juges ſe trouvant embarraſſez remirent le Proces aux Siecles à venir, & dirent cependant ce qui a depuis paſſé en Proverbe, *Mauvais Oyſeau, Mauvais Oeuf.* Mais paſſons maintenant au reſte.

REGLE XIV.

De Premisses vrayes il n'en suit jamais qu'une Conclusion vraye, mais de Premisses fausses non seulement il en suit une fausse, mais il en peut aussi suivre hypothetiment une vraye.

CEcy semble evident, car pourveu que les Premisses soient vrayes, vous avez beau les supposer, ou les croire fausses, il en suit toujours une Conclusion qui en soy, & en effect est vraye. Ainsi tenez pour fausse tant qu'il vous plaira l'une ou l'autre, ou l'une & l'autre de ces Propositions, *Tout homme est animal*, & *Tout animal est vivant*; ou *Tout homme est animal*, & *Nul animal n'est pierre*; la Conclusion qui suivra des premieres, *Donc tout homme est animal*, ou des dernieres, *Donc nul homme n'est pierre*: est toutefois en soy & en effect vraye.

Mais si les Premisses sont fausses, & sont cependant cruës, ou supposées vrayes, il ſuivra alors une Concluſion qui non ſeulement pourra eſtre fauſſe, comme il eſt aſſez evident, mais qui pourra meſme eſtre effectivement vraye.

Car quoy que dans la Figure Liée on enonçaſt fauſſement le Moyen du Sujeƈt, l'on pourroit toujours prendre un Attribut qui ſoit qu'il fuſt veritablement ou fauſſement enoncé du Moyen, auroit de la liaiſon avec le Sujeƈt, comme ſi l'on diſoit, *Tout homme eſt Cheval, Tout Cheval eſt animal, Donc tout homme eſt animal*; ou, *Tout homme eſt pierre, Toute pierre eſt animal, Donc tout homme eſt animal.*

Et quoyque dans la Figure Deliée on enonçaſt auſſi de meſme fauſſement le Moyen du Sujeƈt, on pourroit toutefois prendre un Attribut qui ſeroit nié du Moyen, & qui n'auroit point de liaiſon avec le Sujeƈt, comme ſi l'on diſoit, *Tout homme eſt pierre, Nulle pierre n'eſt plante, Donc nul homme n'eſt plante.*

Le Syllogiſme qu'Ariſtote appelle Hypothetique, & qu'on nomme d'ordinaire *Argumentum ad hominem*, ſe peut rapporter icy. Cette eſpece de Syllogisme se fait lorsqu'apres que celuy avec lequel nous discourons est demeuré d'accord de quelque chose soit vray, soit faux, nous supposons & prenons comme vray ce qu'il a accordé, afin de tirer une Consequence opposée à celle qu'il deffend : Comme si cet homme ayant admis que tout ce qui tombant sur un corps se reflechit, & qui estant dispercé se condense, ou condensé se disperce, est corps, nioit cependant que la Lumiere fust un corps, & qu'alors on argumentast contre luy de la sorte; *la Lumiere se reflechit de dessus les corps, se condense estant dispercée, & se disperce estant condensée; Or selon vous ce qui fait cela est corps, Donc la Lumiere est un corps.*

Remarquez que s'il nie quelque chose, l'on prend, & l'on suppose le contraire comme vray, & en suite l'on construit son Syllogisme de mesme.

REGLE XV.

Le Syllogisme dont les Premisses sont necessaires, & evidemment vrayes, est Demonstratif, & Scientifique.

ET certes, il n'est dit Demonstratif qu'acause de la connoissance de la Conclusion, laquelle Conclusion il demontre d'une telle maniere estre vraye, que pour cette raison elle merite d'estre appellée Science.

Car comme nous sommes dits sçavoir ce qui nous est tellement evident que nous en sommes entierement certains, & que la Science n'est par consequent autre chose que la connoissance certaine & evidente qu'on a d'une chose, il est constant que la conoissance de la Conclusion est evidente & certaine acause que les Premisses, ou les Principes dont elle depend sont evidens & certains.

Remarquez de là par consequent, que puisque la Science, ou la connoisſance claire & certaine qu'on a des Premiſſes engendre celle, ou eſt cauſe de celle qu'on a de la Concluſion. Remarquez, diſ-je par conſequent, que *Scavoir par la cauſe*, comme on dit d'ordinaire, n'eſt autre choſe que ſcavoir la Concluſion par des Premiſſes certaines & evidentes; & ce d'autant que les Premiſſes meſmes ſont d'ailleurs dites eſtre ſceuës, ou, ce qui eſt le meſme, eſtre connuës par ſoy, & eſtre plus connuës que la Concluſion, conformement à cet Axiome, *Propter quod unumquodque eſt tale, & illud magis tale eſt.*

Toutefois lorſque les Premiſſes ſont dites eſtre ſceües ou eſtre comme par ſoy, cela ſe doit entendte univerſellement au regard de la Concluſion; car ſi d'ailleurs elles ſont demonſtrées par d'autres comme quelques Concluſions, alors ces autres ſont plutoſt connuës par ſoy, juſques à ce qu'on parvienne à quelques-unes qui ſoient connuës par l'evidence des Sens (cette evidence eſtant plus grande qu'aucune autre, & celle dont tout autre depend ſoit mediatement, ſoit immediatement) telles que ſont, par exemple, celles cy, le Soleil est lumineux, le fer est chaud, la Neige est blanche.

C'estpourquoy lorsqu'on distingue, comme il se fait d'ordinaire, deux sortes de Demonstration (car c'est ainsi qu'en un mot on appelle le Syllogisme Demonstratif) l'une qu'on appelle *à Priori*, c'est à dire *à generalicri* (asçavoir lorsque les deux Premisses sont generales, ou du moins l'une des deux) l'autre qu'on appelle *à Posteriori*, c'est à dire *à minus generali, aut etiam à singulari* (asçavoir lorsque les Premisses sont singulieres, ou du moins l'une des deux) Il semble certes que celle qui procede des singuliers devroit estre plutost appellée *à Priori*, & celle qui procede du general *à Posteriori*; parceque les singuliers sont premierement connus, & ensuite le general: Et certes je ne vois pas qu'on doive moins faire d'estime de celle là, que de celle-cy; puisque toute l'evidence, & toute la certitude qu'on a d'une Proposition generale depend de celle qu'on a tirée par une Induction des singuliers.

Car si nous connoissons evidemmẽt, & certainement que tout homme, par exemple, est animal, cela vient de ce que nous avons premierement connu par les Sens que Platon, & Socrate, & ainsi des autres en particulier, sont Animaux. Et certes ce Principe qu'on tient estre le plus connu de tous, & evident par soy, & certain, *tout Tout est plus grand que sa Partie*, n'a trouvé de la croyance dans l'Entendement que parceque dés l'enfance on a observé en particulier que tout l'homme est plus grand que la teste; toute une maison plus grande que la chambre; toute une forest plus grande qu'un arbre; tout le Ciel plus grand qu'une Etoile, & ainsi des autres Touts.

L'on distingue encore d'ordinaire deux autres sortes de Demonstrations; l'une qui est dite Ostensive; l'autre conduisant à un inconvenient. La premiere est celle par laquelle quelque chose est demonstrée par soy directement, & par de propres Principes; la seconde est celle par laquelle quelque chose est demonstrée, de ce que s'il n'en est pas de mesme, il faut de necessité admettre quelque chose d'absurde, de contradictoire, d'impossible, telle que la Partie estre plus grande que le Tout, un Effect estre sans Cause, le Contenant estre moindre que le Contenu, ou d'autres semblables.

Il est vray que celle-cy n'est pas si noble que l'autre, & qu'elle est mesme superflue quand on a l'autre ; mais parce qu'ordinairement l'Ostensive manque, & que d'ailleurs elle est d'une necessité invincible, pour cette raison celle-cy a aussi son prix.

REGLE XVI.

Il y a divers Lieux d'où se peut tirer le Moyen ou l'Argument pour le Syllogisme Demonstratif.

TEls sont ceux là d'où l'on tire un Moyen lequel est ou Genre du Suject, ou sa Proprieté, ou sa Definition, ou le denombrement de ses parties ou Especes, ou Cause necessairement agissante, ou Effect necessairement dependant, ou quelque chose de different, ou quelque chose d'opposé.

Car, par exemple, si l'on a à demonstrer qu'un Ciron, ou ce petit animal qui ne nous paroit pas plus grand qu'un poinct, ne laisse pas d'estre, pour ainsi dire, composé d'une infinité de parties, l'on pourra prendre pour Moyen son Genre, & construire ainsi le Syllogisme, *le Ciron est un animal*; *Or Tout animal est composé d'une infinité de parties*, puisqu'il a des organes destinez à la Vegetation, au Sentiment, & au Mouvement, & que ces organes demandent, pour ainsi dire, des parties infinies, *le Ciron est donc composé d'une infinité de parties.*

De mesme pour demontrer que la Neige blesse la veuë, l'on pourra prendre pour Moyen sa Proprieté qui est une blancheur extreme, & argumenter de cette sorte, *la Neige est extremement blanche*; *Or ce qui est extremement blanc blesse la veuë*, puisqu'elle reflechit en abondance les rayons de Lumiere qui sont comme autant de petis dards, & qu'elle les renvoye aux yeux, *la Neige blesse donc la veuë.*

Ainsi prenant la Definition de la Plante pour Moyen, on demontrera que la Plante a besoin de nourriture, & on dira, *la Plante est un corps vegetable*; *Or le corps vegetable a besoin de nourri-*

ture, parceque la chaleur naturelle dissipant continuellement l'humide radical, cette perte n'est reparable que par une nouvelle nourriture, *Donc la Plante a besoin de nourriture.*

Ainsi par le Denombrement des parties de la Terre, l'on demontrera que toute la Terre est habitable. *Toute la Terre se divise en cinq Zones, la Torride, les deux Froides, & les deux Temperées; Or chacune de ces Zones est habitable*, puisque contre l'opinion des Anciens, cela s'est decouvert par les dernieres Navigations, *Donc toute la Terre est habitable.*

Ainsi en prenant la Cause de l'Eclipse de la Lune, l'on prouvera que l'Eclipse de la Lune arrive lorsque le Soleil, & la Lune sont Diametralement opposez. *Il faut de necessité qu'il arrive une Eclipse dans la Lune, lorsque la Terre se trouvant entre elle, & le Soleil detourne la lumiere qu'elle emprunte du Soleil, & qui seule est la cause de ce qu'elle luit; Or lorsque le Soleil, & la Lune sont Diametralement opposez, la Terre est alors entre la Lune & le Soleil, & detourne alors ses rayons; Il faut donc que l'Eclipse de la Lune arrive lorsque le Soleil, & la Lune ſont Diametralement oppoſez.*

Ainſi prenant pour Moyen l'Effect de la rondeur de la Lune, aſcavoir les Phaſes diverſes que cauſe cette Figure, l'on pourra de cette ſorte montrer que la Lune eſt ronde, *la Lune ſelon qu'elle eſt diverſement ſituée à l'egard du Soleil paroit en Croiſſant, à demy-pleine, en decours, entierement pleine; Or ce qui paroit tel eſt neceſſairement rond*, puiſque ſi elle eſtoit d'une autre Figure elle ne ſouffriroit point cette diverſité, *Donc la Lune eſt ronde.*

Ainſi on montrera que la Lune ne fait pas les Saiſons, ſi on prend pour Moyen ce qui eſt Diſparat ou different de la Lune, comme par exemple le Soleil, *la Lune eſt quelque choſe de different du Soleil; Mais tout ce qui eſt different du Soleil ne cauſe pas les Saiſons*, puiſque le ſeul Soleil en s'approchant, & en s'éloignant de nous cauſe les viciſſitudes du Printemps, de l'Eſté, de l'Automne, & de l'Hyver, *la Lune ne cauſe donc pas les Saiſons.*

Ainſi enfin on demontrera que le Vuide n'eſt pas capable de reſiſtance en prenant pour Moyen ſon Oppoſé, aſcavoir le Plein, *le Vuide eſt oppoſé au*

Plein ; Or ce qui est opposé au Plein, & qui n'a par consequent point de masse corporelle par laquelle il touche, ou soit touché, n'est pas capable de resistance ; le Vuide n'est donc pas capable de resistance.

REGLE XVII.

Le Syllogisme Persuasif, Probable, & Opinatif est celuy dont les Premisses sont Contingentes & vraysemblables.

ON luy donne aussi ce nom à raison de la connoissance de la Conclusion, laquelle Conclusion il persuade, & prouve d'une telle maniere, qu'encore qu'elle ait plus d'evidence que d'obscurité, elle laisse neanmoins quelque doute, & merite pour cette raison d'estre appellée Opinion ; car l'Opinion entant qu'on veut qu'elle differe de la Science, n'est autre chose qu'une connoissance qui n'est pas tout à fait certaine, mais qui est avec quelque crainte, ensorte que nous ne donnons nostre consentement que foiblement, & en hesitant ; d'ou vient qu'on l'appelle aussi en Grec ὑπόληψις Soupçon, comme si nous avions quelque soupçon d'estre trompez.

Cela vient de ce que les Premisses ne font pas voir de connexion du Sujet avec le Moyen, ou du Moyen avec l'Attribut, si c'est la Figure Conjointe ; ou de dis-jonction du Moyen d'avec l'Attribut, si c'est la Figure Disjointe. Car cela estant il est impossible que l'Entendement donne son consentement à la Conclusion sans quelque scrupule, & que les Premisses luy donnent plus d'evidence, & de certitude qu'elles n'en ont elles mesmes.

Il faut icy remarquer, qu'encore que la Foy, & l'Opinion se prenent quelquefois pour une mesme chose, la Foy se doit toutefois prendre pour cette persuasion d'Esprit qu'on a acause de l'Auctorité de celuy qui dit la chose : Que si cette persuasion est tantost plus ferme, & tantost plus foible, cela depend de la persuasion, ou de l'opinion precedente qu'on a que celuy qui parle est veritable. De là vient que la Foy Divine, c'est à dire, cette Foy, & cette croyance que nous avons à Dieu, eſt tres ferme ; parceque nous nous ſommes auparavant mis dans l'Eſprit comme une choſe tres certaine, que Dieu eſt tellement veritable qu'il ne veut aucunement, ni ne peut mentir : Mais la Foy humaine, c'eſt à dire celle que nous avons à un homme, quoy qu'elle ſoit quelquefois tres ſeure, elle eſt neanmoins toujours avec ce degré d'incertitude, que nous ſcavons d'ailleurs qu'il n'y a perſonne qui ne puiſſe mentir s'il veut.

Or je dis cecy, afin que nous obſervions qu'encore que la Foy Divine n'ait pas cette évidence que la Science obtient par la Demonſtration, l'Auctorité Divine luy tient toutefois lieu d'evidence, & n'engendre pas une moindre certitude qu'elle ; ſi bien qu'elle peut comme ſe tenir du coſté de la Demonſtration, & la Foy humaine du coſté du Syllogiſme Perſuaſif, ou Probable.

REGLE XVIII.

Il y a divers Lieux d'où l'on peut tirer le Moyen ou l'Argument pour le Syllogisme Persuasif.

TEls sont tous ceux là dont nous avons plus haut apporté de certaines Maximes, & ceux qui ont esté choisis pour le Syllogisme Demonstratif; car ils appartiennent aussi au Persuasif, pourveu que le Moyen soit ou Genre, ou Proprieté du Suject, & que l'Attribut ne soit ni Genre, ni Proprieté du Moyen. Cecy est visible dans ces Exemples.

L'on persuadera en cette maniere par le Genre que la Rhetorique est utile, *la Rhetorique est un Art, Or tout Art est utile à la Vie, Donc la Rhetorique est utile à la Vie.* Car dans ce Syllogisme le Moyen, ascavoir Art, est bien Genre du Suject, ascavoir de la Rhetorique, mais Estre utile, qui est l'Attribut, n'est pas Genre de l'Art, ni une Proprieté qui convienne à tout Art, mais seulement un Adjoint Contingent, ou une Qualité commune. D'où vient qu'on a veritablement de la pente, & de l'attache à la Conclusion, mais c'est toutefois avec quelque sorte de crainte; comme si la Rhetorique pouvoit estre de ces Arts qui sont veritablement subtils, mais inutiles, qui sont pernicieux, qui sont indifferens à servir, ou à nuire, qui sont approuvez par quelques-uns, & desapprouvez par d'autres.

Ainsi en prenant la Proprieté pour Moyen, l'on persuadera que la Justice est desirée de tout le monde. *Le propre de la Iustice est de rendre à un chacun ce qui luy appartient; Or ce qui rend à un chacun ce qui luy appartient est desiré de tout le monde, Donc la Iustice est desirée de tout le monde.* Où vous voyez que *Rendre à un chacun ce qui luy appartient*, n'a pas pour Adjoint necessaire, *d'Estre souhaitable*, puisqu'il n'y en a que trop qui desirent plutost d'oster, ou de retenir le bien d'autruy, que de le rendre; d'où vient qu'on admet la Conclusion, comme supposant que la chose devroit estre de la sorte, mais l'on hesite sur cette Conclusion, parceque cela n'est pas general.

Ainsi l'on pourra se servir de la Definition, & dire, *la Medicine est un Art destiné pour guerir; Ce qui est destiné pour guerir retablit la Santé, Donc la Medecine retablit la Santé.* Mais d'autant que ce qui est destiné pour guerir ne retablit pas toujours la Santé, soit par la faute du Medecin, ou du malade, soit parce qu'on n'a pas egard au lieu, au temps, aux forces, à la dose, & à plusieurs autres circonstances de la sorte; cela fait qu'on admet bien la Conclusion, mais non pas comme estant absolument & generalement vraye.

Le mesme se fera par le Denombrement des Parties, *les Oraisons de Ciceron sont formées d'un Exorde fort eloquent, & d'une pareille Narration, Confirmation, Refutation, Peroraison; Or une Oraison qui est formée de telles Parties persuade, Donc les Oraisons de Ciceron persuadent.* Mais parceque la Reprise n'est pas toujours vraye, la Conclusion n'est par consequent pas necessaire, & cette celebre Oraison qu'il fit pour Milon n'empescha pas que Milon ne mangeast longtemps des Poissons barbus à Marseille.

Par la Cause, *Ces Vers sont faits par Homere, les Vers d'Homere ne sont pas mauvais, Donc ces Vers ne sont pas mauvais.* La Conclusion est veritablement probable; mais comme on peut dire à l'egard de la Reprise, que quelquefois *Le bon Homere sommeille*, elle n'a pas une certitude entiere, & absoluë.

Par l'Effect, *L'Ecume qui est dans la bouche de ce Cheval est admirablement bien peinte; Mais ce qui est admirablement bien peint est travaillé avec beaucoup d'artifice, Donc cette Ecume est travaillée avec beaucoup d'artifice:* La Conclusion est aussi probable; mais l'on sçait toutefois ce qui arriva à Appelles lorsqu'il peignoit de l'Ecume dans la bouche d'un Cheval.

Par le Disparat ou Divers, *Le Chien est autre que l'Homme; Mais tout ce qui est autre que l'Homme n'est pas raisonnable, Donc le Chien n'est pas raisonnable;* la Conclusion est pareillement probable, j'ajoute mesme qu'elle est vraye, mais toutefois on n'en demeure d'accord qu'avec quelque sorte de crainte, acause de tous ces indices de raisonnement qu'on observe principalement dans le Chien.

Par l'Opposé, *l'Esté où l'on va entrer est une Saison opposée à l'Hyver ; Or durant la Saison opposée à l'Hyver il ne fait pas froid, Donc durant l'Esté où l'on va entrer il ne fera pas froid :* L'on peut dire derechef que la Conclusion est probable, mais elle n'est pas absolument certaine ; parce qu'il se rencontre des années qu'il fait froid durant la Saison opposée à l'Hyver.

Par les Adjoints, *Cet homme a le poil rouge, la bouche noire, le pied court, & est borgne ; Mais quiconque est tel est meschant, Donc cet homme est meschant :* Je veux que la Conclusion soit vray-semblable, toutefois parce qu'on observe que la Reprise est trompeuse en quelqu'un, la Conclusion ne peut pas estre certaine.

Enfin pour ne poursuivre pas les autres Chefs, l'on pourra persuader en prenant pour Moyen l'Authorité humaine : *Tous les hommes, ou du moins la plus part, & entre ceux-cy les Sages, & les plus celebres ont cru jusques à present que la Terre estoit immobile dans le Cen-*

tre du Monde ; Or ce que tous les hommes, ou la plus part, ou les Sages, ou les plus celebres d'entre les Sages ont cru, doit passer pour veritable ; L'on doit donc croire pour veritable que la Terre est immobile dans le Centre du Monde : Je veux aussi que cela soit probable, & vray, il y a toutefois aussi quelque chose qui fait que l'on n'acquiesce pas, & qu'on ne donne pas entierement les mains à la Conclusion, asçavoir parce qu'il y a eu autrefois des Philosophes tres celebres, comme Platon, & Pytagore, & qu'il y en a mesme encore à present plusieurs qui croyent qu'elle n'est pas en repos, mais qu'elle se meut, ou dans le Centre, pour faire le Jour, & la Nuit, ou alentour du Centre, pour faire l'Année.

REGLE XIX.

Le Syllogiſme dont les Premiſſes ſont trompeuſes & à double ſens, eſt Faux, Sophiſtique, & Paralogiſtique.

IL eſt dit Faux; parce qu'il fait naiſtre l'erreur dans l'Eſprit, c'eſt à dire une Opinion oppoſée à la vraye, & par conſequent fauſſe. Il eſt auſſi appellé Sophiſtique, ou Sophiſme, & Captieux; parceque les Sophiſtes s'en ſervent pour ſurprendre,& embarraſſer leur adverſaire, & on l'appelle Paralogiſtique, ou Paralogiſme; parcequ'il va au contraire de la raiſon, en ſuppoſant des Premiſſes vrayes & neceſſaires, qui bien qu'elles paroiſſent telles, ne ſont neanmoins pas telles, acauſe de quelque vice qui y eſt caché, & renfermé.

REGLE

REGLE XX.

L'Ambiguité ou le double ſens, & la double entente eſt preſque le ſeul & unique Lieu pour le Syllogiſme Sophiſtique; & en decouvrant cette ambiguité, l'on fait voir clairement que ce qui ſembloit eſtre un Syllogiſme ne l'eſt pas.

IL eſt vray qu'Ariſtote rapporte treize Lieux, l'un qui ſe prend des Equivoques, l'autre de la Compoſition, un autre de la Diviſion, de l'Accent, &c. mais toutefois ils ont tous cela de general, qu'il y a quelque ambiguité ou dans le mot, ou dans la phraſe, & que le ſens du mot, ou de la phraſe eſt autre dans la premiere Propoſition, & autre dans la ſeconde, de ſorte que ce n'eſt pas merveille ſi l'un & l'autre ſens eſtant admis comme vrais, il ſuit une Concluſion abſurde.

Or il eſt conſtant qu'en decouvrant l'Ambiguité l'on fait voir clairement que ce qui ſembloit eſtre Syllogiſme n'en est pas un ; parceque pour estre Syllogisme il faut qu'il y ait un Suject, un Moyen, & un Attribut, & cependant il y a dans le Sophisme deux Sujects, deux Attributs, & il n'y a aucun Moyen ; car ce qui semble estre Moyen est de deux Propositions Disparates, ou qui sont absolument diverses, & sans affinité, & est Attribut de l'une, & Suject de l'autre, d'où vient que l'une & l'autre, & la Conclusion ne sont autre chose que des pieces detachées, & sans liaison.

Car, pour dire ce mot à l'egard des Equivoques ; lors, par exemple, qu'on dit, *Quelque Astre est Chien ; Or le Chien est un Animal qui abaye, Donc quelque Astre est un Animal qui abaye* ; parce qu'il y a de l'Ambiguité dans le mot de Chien, qui est attribué à deux choses tres differentes, & que dans la premiere Proposition il est pris pour une, ascavoir pour un Astre, dans la seconde pour une autre, ascavoir pour un Animal terrestre ; il est constant que le mot de Chien ne signifie rien qui soit Moyen, c'est à dire qui ayant de la laison avec le Suject, en ait aussi avec l'Attribut, ou qui en ayant avec l'Attribut, en ait aussi avec le Suject, mais qu'il se fait deux Propositions qui n'ont rien de commun, ni aucune liaison, & desquelles il ne suit rien davantage que de celles-cy, *Quelque homme est animal ; Or une pierre est insensible.*

Vous remarquerez la mesme chose dans ce Syllogisme qui regarde l'Amphibologie, *Cresus penetrant au de là du fleuve Haly dissipera de grandes richesses ; Ces grandes richesses sont des Perses, Donc Cresus penetrant au de là du Haly dissipera de grandes richesses des Perses*, où les deux Premisses sont Disparates, & sans aucun Moyen qui les lie ; parceque les grandes richesses dans la Majeure s'entendent des richesses de Cressus, & dans la Mineure de celles des Perses.

Vous trouverez de mesme que c'est l'Ambiguité qui dans tous les autres fait la tromperie ; car celuy qui inferera, par exemple, *que quelqu'un estant assis marche*, parce qu'on aura accordé qu'il est possible qu'un homme assis marche, ne tirera cette Consequence que parceque cela se peut entendre ou dans le sens divisé, & en divers temps, ou dans le sens composé, & dans un mesme temps. Et celuy qui infere, *que vous mangez de la viande cruë*, parce que vous dites *que vous mangez la mesme viande que vous avez achetée*, ne tire cette Conclusion, que parceque ce terme *la mesme*, ou *la mesme viande* peut estre entendu ou à l'egard de la Substance, ou à l'egard de l'Accident, asçavoir de la crudité.

Et certes, ce Lieu si celebre dans Aristote, qui est appellé *Ignoratio Elenchi*, c'est à dire lorsqu'on ignore ce en quoy consiste la Contradiction (or elle consiste en ce que ce qui se dit soit dit du mesme, de la méme partie, par exemple, du mesme lieu, du mesme téps, ou d'une autre circonstance) ce lieu, dis-je, peut estre le méme avec l'Ignorãce de l'Ambiguité; car on est en doute, si lorsque vous dites, *Vn Ethiopien est blanc, & non blanc*, vous entendez selon le tout, ou si vous l'entendez de maniere qu'il soit blanc à l'egard des Dents, & noir à l'egard des Joües, auquel cas il n'y a pas de Contradiction; d'autant que ce que l'on dit s'entend veritablement du mesme, mais non pas à l'egard de la mesme partie. Ainsi on est en doute si lorsque vous dites, *Vn Chien voit, &*

ne voit pas, vous entendez cela de tout le temps de la vie, ou de maniere qu'il voye le reste de la vie, & ne voye pas devant le neuvieme jour, & ainsi de tous les autres.

L'on peut donc dire en un mot, que la maniere generale de resoudre les Sophismes est de decouvrir, & de distinguer l'Ambiguité; ce que vous ferez si vous reduisez l'Argument en bonne Forme s'il n'y est pas comme il arrive d'ordinaire, & si vous prenez garde en quel sens le Moyen est pris dans la Majeure, & dans quel sens il est pris dans la Mineure; car vous desarmerez ainsi aisement le Sophiste, & le rendrez ridicule.

Vous pourrez encore facilement decouvrir l'Ambiguité, si pressentant la Contradiction où il vous veut reduire, vous la prevenez en distinguant. *Le Rat ronge le fromage*; oüy bien l'animal, mais non pas la Syllabe: *Ce que vous n'avez pas perdu, vous l'avez*; oüy si j'ay eu ce que je pouvois perdre: *Vous connoissez vostre Pere*; mais non pas quand il est voilé: *Un Ethiopien est noir*; mais non pas à l'egard des dents: *Sempronius a froid*; oüy bien l'Hyver, mais non pas l'Esté : *Titius est un grand homme* ; de corps, mais non pas de Science : Il faut rendre les armes à son Maistre ; pourveu qu'il ne soit pas devenu furieux, & ainsi de ces autres sortes de badineries.

QUATRIEME PARTIE.

DE LA METHODE.

IL nous reste à traiter de la Methode, qui n'estant qu'un progrez de pensées ordonné d'une certaine maniere, semble à bon droit comprendre les autres Parties de la Logique, en ce qu'elles enseignent à passer par ordre des simples Apprehensions aux Iugemés, & des Iugemens à la Cóclusion du Syllogisme: Aussi y en a-t'il qui pretendent que le Syllogisme est ce qu'on doit proprement appeller Methode, & que ce progrez, ou ordonnance de pensées qu'on garde en enseignant les Sciences, se doit plutost appeller Ordre que Methode. Il y en a aussi qui appellent Methode definitive, & decisive cette Partie de la Logique qui traite de la Definition, & de la Division, & il y en a qui soûtienent que toute Methode est ou Resolutive, ou Compositive.

Quant à nous, pour dire ce qui regarde proprement & precisement ce Lieu, les Pensées semblent pouvoir estre ordonnées, & dirigées d'une certaine maniere ou pour bien chercher, & trouver, ou pour bié examiner ce qui aura esté trouvé, & en bien juger, ou pour bien digerer ce qui aura esté inventé, & jugé, en sorte qu'un autre en puisse estre instruit. Ainsi l'on peut, ce semble, distinguer trois Methodes, l'une d'Invention, l'autre de Jugement, & l'autre de Doctrine. Voicy les Regles qu'on en peut donner.

REGLE I.

La Methode d'Invention consiste à chercher adroitement, & à pressentir un Moyen.

CAr lorsqu'une question a esté proposée, il s'agit principalement de trouver un Moyen, ou un Argument par lequel l'on puisse prouver que l'autre partie de la question est vraye, ou est fausse; c'estpourquoy, de mesme qu'un Chien, prend la trace du Lievre s'il ne le voit pas, & la va cherchant en flairant jusques à ce qu'il le decouvre ; ainsi lorsque le Moyen ne se presente pas d'abord, il faut prendre quelque chose soit du costé du Subject, soit du costé de l'Attribut, qui soit comme le vestige par le moyen duquel l'on en vienne à decouvrir un Moyen, lequel ayant de la connexion avec un Extreme, soit reconnu en avoir aussi, ou n'en avoir pas avec l'autre Extreme.

Je scais bien qu'on a en main les Lieux generaux des Moyens ou Argumens dont nous avons deja parlé ; mais parce qu'il y a souvent de la peine ou à choisir les Lieux les plus convenables, ou à remarquer les Moyens propres qui sont contenus dans ces Lieux, pour cette raison il faut prendre quelque chose qui nous conduise & au Lieu convenable, & au Moyen dont on a besoin. Cecy doit premierement estre quelque chose de connu, & peut estre nommé Signe ; parce qu'il nous conduit à la connoissance d'une chose cachée, de mesme que le vestige est une espece de Signe qui indique au Chien le chemin qu'il doit tenir pour trouver le Lievre.

REGLE II.

La recherche du Moyen se fait ou en commençant par le Suject, & c'est une Analyse ou Resolution; ou en commençant par l'Attribut, & c'est une Synthese ou Composition.

CAr si vous-vous imaginez, par exemple, qu'il soit difficile de resoudre un Probleme, ou d'en prouver la partie affirmative, asçavoir, par exemple, *que l'homme est une Substance*; l'on pourra commencer la recherche ou par *Homme*, qui est le Suject, ou par *Substance*, qui est l'Attribut, selon que l'un ou l'autre peut estre plus connu.

Si l'on commence par *Homme*, il en fera la resolution ou l'Analyse en Genre, par quoy il est dit Animal, & en Difference, par quoy il est dit Raisonnable. Le mesme se fera en suite à l'egard de l'Animal qui aura esté pris comme devant conduire plus avant, l'on en fera la resolution en Genre, par quoy il est dit Vivant, & en Difference, par quoy il est dit Sensitif. L'on fera derechef la resolution du Vivant en Genre, par quoy il est dit Corps, & en Difference, par quoy il est dit Vegetable; enfin parceque le Corps est par sa proprieté quelque chose de massif, & d'etendu, & que nous entendons que ce qui est tel est une Substance, ou une chose subsistante par soy; il arrrive que nous entendons aussi que le Genre dans lequel le Corps se resout immediatement, est ce qu'on appelle Substance.

Que si on commence par *Substance*, cela se fera au rebours par voye de Composition, c'est à dire en composant, ou assemblant, & joignant la Substance avec l'une des Differences par lesquelles elle est divisée, non pas, certes, avec l'Immaterielle, parce que l'Homme n'est pas tel, mais avec la Materielle ou massive, à laquelle estant jointe elle est dite Corps, de mesme que le Corps joint avec la proprieté de Vegetable (tel qu'est l'Homme).

constitue le Vivant, & le Vivant avec la proprieté de Sensitif (tel qu'est derechef l'Homme) constitue l'Animal, & enfin l'Animal immediatement avec la proprieté de Raisonnable, constitue l'Homme.

Ainsi l'on pourra, la Resolution estant faite, prendre Corps pour Moyen, ou la Composition estant faite, prendre Animal ; en ce que la connexion immediate de l'Animal avec l'Homme ayant premierement esté connuë, l'on est parvenu au Corps, lequel est immediatement conjoint avec la Substance ; ou que la connexion du Corps avec la Substance ayant premierement esté connuë, l'on est parvenu à l'Animal, qui est immediatement conjoint avec l'Homme : Et ainsi de l'une & de l'autre maniere nous sommes certains de la connexion des Extremes entre eux, acause de la connexion qu'ils ont avec les Moyens qui sont entre-deux.

Il en est de cecy, comme lorsqu'en repassant une Genealogie, nous voulons prouver que quelqu'un est sorty d'une certaine Race. Car ou bien nous commençons par celuy dont il est question, ensorte que montant par les degrez de Pere, de Grand Pere, d'Ayeul, de Bis-Ayeul, &c. nous parvenons enfin au Chef de la Race ; ou commençant par le Chef de la Race, & descendant par les degrez de Fils, de Petit-Fils, &c. nous parvenons à celuy dont il est question.

Cecy nous fait aussi comprendre que lorsqu'il s'agit de prouver la partie negative du Probleme, l'on procede de mesme ou par voye de Resolution, ou par voye de Composition ; car de mesme que dans la Genealogie, si tost qu'on rencontre quelqu'un des degrez qui sont entre-deux lequel est dis-joint du prochain degré, on infere incontinent que cet homme n'est pas de cette Famille ; ainsi deslorsqu'il se rencontre un degré qui est dis-joint de l'Attribut, on infere que le Suject est aussi dis-joint de l'Attribut.

REGLE III.

La Methode de Iugement, ou d'Examen, est ou une Composition, quand l'Invention s'est faite par Resolution ; ou une Resolution, lorsqu'elle s'est faite par Composition.

C'Est tout de mesme que dans l'Arithmetique, lorsque nous prouvons l'Addition par la Soustraction, & la Soustraction par l'Addition; car le progrez est de mesme approuvé comme legitime, si en repassant les Vestiges il arrive que l'on parviene de celuy-cy à celuy-là ; en ce qu'il doit, comme on dit d'ordinaire, y avoir autant de chemin d'Athenes à Thebes, que de Thebes à Athenes ; si bien que la double Methode est le mesme fil *d'Adriane* qu'on prend avec soy en allant, & qui sert de guide pour retourner seurement.

Je passe sous silence qu'on se sert de cette Methode pour tous les Ouvrages qui sont faits de plusieurs pieces ; car c'est ainsi qu'on prouve si une Machine, par exemple une Horloge, est bien conditionée, quand on reconnoit que ses parties qu'on a demontées, sont en bon estat, ou qu'elles s'accordent, & font un bon effect quand on les a jointes.

REGLE IV.

La Methode de Iugement se fait par le Sens, & par la Raison, qui sont les deux Criteres, ou Instrumens que la Nature nous a fourny pour examiner les choses, & en bien juger.

CAr puisque toutes les choses ou tombent sous le Sens, ou se connoissent par l'Entendement seul (l'occasion luy en ayant toutefois esté donnée par les Sens, comme nous avons dit au commencement) il est constant que toutes les fois qu'on est en doute d'une chose qui peut estre eprouvée par les Sens *si elle est, ou n'est pas, si elle est telle, ou n'est pas telle*; il faut avoir recours au Sens, & s'en tenir à l'Evidence qui s'acquiert par son moyen ; a l'Evidence, dis-je, qu'on a lorsqu'il n'y a aucun empeschement, ou s'il y en a, lorsqu'il a esté osté. Or j'appelle Empeschement la distance, par exemple, qui fait qu'une grande chose paroit petite, celle qui est quarrée ronde, &c. ce que nous avons aussi touché en parlant des Idées.

Mais lorsqu'on est en doute d'une chose qui ne se peut appercevoir que par l'Entendement, c'est alors qu'il faut avoir recours à la Raison, qui d'une chose qui est connuë par le Sens en tire une autre qui n'est point connue par le Sens ; comme lorsqu'estant en peine de sçavoir s'il y a des pores dans la peau, ou non, l'on infere par la Raison qu'il y en a quoyqu'ils ne soient pas apperceus par le Sens, de ce que s'il n'y en avoit point, il n'y auroit pas de chemin par où la sueur qui s'apperçoit par le Sens pust passer du dedans du corps au dehors : Ou lorsque quelqu'un demandant s'il y a du Vuide lequel ne s'apperçoit point aussi par le Sens, l'on infere qu'il y en a, de ce que s'il n'y en avoit point il n'y auroit aucun Mouvement, ce qui est toutefois contre l'experience des Sens.

Mais parceque la Raison semble quelquefois combattre le Sens, Aristote enseigne fort à propos qu'il s'en faut plutost alors tenir au Sens qu'a la Raison; parcequ'il se peut faire que cette Raison soit mal fondée, & ne soit qu'apparente, la veritable raison pour laquelle la chose paroit telle au Sens nous estant cependant cachée. Ainsi encore que la Raison persuadast autrefois qu'une pierre jettée vers le haut de dessus la poupe d'un Navire qui fait son cours, devroit tomber non pas sur la poupe mesme, mais bien loin en derriere dans la Mer, le Navire avançant cependant que la pierre est en l'Air; il faut maintenant que la Raison cede au Sens, parce que l'Experience nous enseigne le contraire, & que la vraye & legitime Raison veut que le Mouvement ne soit pas seulement imprimé à la pierre par la main, mais aussi par le Navire mesme.

Ainsi tous ceux qui croyoient autrefois qu'il n'y avoit point d'Antipodes, se servoient veritablement de cette Raiſon, aſcavoir que ceux qui ſeroient Antipodes tomberoient en bas vers le Ciel; mais parce qu'apreſent l'on a penetré juſques à eux, & qu'on les a effectivement veus, cette Raiſon n'a plus de force contre l'Evidence du Sens, & on a reconnu à l'egard des parties du Globe de la Terre, que tomber eſt tendre vers le Centre, & non pas s'eloigner du Centre, & qu'ainſi ce n'eſt pas merveille que les Antipodes marchent droit auſſi bien que nous qui leur ſommes Antipodes, & ne tombent pas plutoſt que nous vers le Ciel qui eſt ſur leur teſte & en haut à leur egard comme à nous.

REGLE V.

La Methode de Doctrine commence par Reſolution, & procede par Compoſition.

CEcy eſt evident dans les Arts; car celuy, par exemple, qui enſeigne l'Art de baſtir, montre premierement quelles ſont les parties d'une Maiſon, les murailles, le fondement, les planchers, les chambres, les degrez, les portes, les feneſtres, & autres choſes ſemblables ; il montre pareillement d'où ſe tirent les Materiaux qui doivent ſervir à chacune de ces parties, les pierres, le ciment, les poutres, les cloux, les tuilles, &c. de quelle maniere ces Materiaux qui ſont des parties plus petites, & plus ſimples, doivent eſtre preparez : Et apres avoir fait cette Reſolution en parties il montre la maniere dont il les faut lier, & ajuſter enſemble, en ſorte qu'il en reſulte une Maiſon entiere & parfaite.

Ainſi un Grammairien qui veut montrer à faire une bonne Oraiſon, la diviſe premierement en ſes parties, le Nom, le Verbe, &c. pour ne rien dire des moindres & plus ſimples parties, comme ſont les Lettres & les Syllabes ; & apres avoir montré les accidens, & les proprietez de chacune de ces parties, il enſeigne comment il les faut lier enſemble, les arranger, & les reduire en belles phraſes, & periodes.

Le meſme ſe pratique en enſeignant

la Medecine ou l'Art de la Santé. L'on montre principalement ce que c'est que la Santé, par combien de manieres differentes, & par quelles causes elle peut estre endommagée, & apres avoir décrit la diversité des Remedes, l'on montre quels sont ceux par où il faut commencer, & par où il faut poursuivre, afin que les Maladies estant chassées, la Santé puisse estre retablie, & conservée.

L'on fait la mesme chose quand on enseigne la Morale, c'est à dire l'Art de la Vie & des Mœurs. L'on fait voir d'abord en quoy consiste la Felicité ou l'estat heureux de la Vie; l'on montre ensuite que les bonnes Mœurs ou Vertus, & les actions vertueuses sont les vrais moyens pour l'acquerir, & pour la conserver, & enfin on montre comment il faut acquerir les Vertus, comment il se faut conduire pour faire des actions honnestes, & comment toutes ces choses concourent pour rendre la Vie heureuse.

L'on en use encore de la mesme sorte dans les Sciences Speculatives; car le Physicien qui veut enseigner la Science Naturelle, commence par d'ecrire la face de la Nature, & faire voir en quoy consiste la Machine du Monde; il represente le Ciel, & la Terre, & les choses qui y sont contenues comme des parties de quelque grand Edifice; il fait la Resolution de ces parties jusques aux plus petites, & les prenant pour des Principes dont toutes les choses sont composées, il recherche ensuite quels sont les Principes particuliers qui ont entré dans la Composition du Ciel, du Soleil, de la Lune, & des autres Astres, quels sont ceux dont la Terre est formée, & dans la Terre tant de choses inanimées, vegetables, & sensitives, & de quelle maniere tous ces Principes se sont pû joindre & assembler pour former tous ces Corps.

Aussi nous servons-nous autant qu'il est possible de l'Anatomie, de la Chymie, & autres semblables secours; afin que par la dissolution & resolution des Corps Naturels, l'on puisse decouvrir, & reconnoitre les Principes dont ils sont composez.

Enfin le Geometre fait le mesme à l'egard de la Grandeur en general; il en fait la Resolution, & l'ayant considerée comme profonde, large, & longue, il commence à en faire la Composition par le Poinct, le faisant couler pour en former une Ligne, faisant couler la Ligne pour en faire une Superficie, & faisant couler la Superficie pour en faire un Corps, ou une Grandeur qui ait de la profondeur.

REGLE VI.

La Methode de Doctrine demande que la matiere dont il s'agit soit exposée clairement, & nettement.

CAr comme la Doctrine, & la Discipline ne sont qu'une mesme chose, laquelle est dite Doctrine entant qu'elle est donnée par le Maistre, & Discipline entant qu'elle est receüe par le Disciple; il est constant que le Maistre la doit donner d'une telle maniere, que le Disciple la voye autant bien qu'il se peut. Or cela se fait principalement lorsque le Maistre expose la matiere dont il s'agit avec toute la clarté possible.

REGLE VII.

Ainsi l'on doit premierement avoir soin que les Mots ne soient point ambigus, ni les Phrases embarrassées.

CAr comme l'obscurité vient ou des termes, ou des choses mesmes, l'on ne sçauroit certes rien faire de pis, que d'ajoûter à la peine qu'il y a souvent à concevoir les choses, celle qui vient des termes. Certainement ce qui est enseigné ne profite pas, si celuy qui a entrepris d'enseigner quelque chose met un empeschement qui fasse que celuy qui apprend conçoive moins clairement, & si interpretant une chose obscure, il a luy mesme besoin d'interpretation.

REGLE VIII.

Si la Doctrine qu'on donne est un Art, elle doit estre Composée de Preceptes; si c'est une Science, de Speculations.

CAr tout Art est pratique, & regarde ou à la facilité de l'action, comme la Musique, & la Morale, ou à ce que l'ouvrage soit commodement fait pour sa fin, comme l'Art de bastir regarde la Maison qui soit habitée, l'Art des Serruriers la clef qui ouvre les portes : Et toute Science est Speculative, comme la Physique qui contemple le Monde, & ses parties. C'estpourquoy celuy qui donne un Art, doit donner des Preceptes pour agir, & celuy qui donne une Science des Speculations qui conduissent l'Entendement à la verité.

REGLE

REGLE IX.

Or l'on doit premierement Proposer, & par la Definition expliquer ce dont il s'agit, & ce que c'est.

CAr cela est necessaire afin qu'on sçache s'il faut agir, ou s'il n'est besoin que de speculer, & si tout ce dont on doit traiter est dirigé ou à bien agir, ou à bien speculer. Et certes ce ne seroit autrement que de pures tenebres, & des paroles jettées inutilement en l'Air. C'estpourquoy si la chose est exprimée par un mot ambigu, il faut distinguer le terme, & faire voir en quel sens il se prend, & si la chose n'est pas d'abord claire, & evidente, elle doit estre definie d'une telle maniere, & decrite avec de telles circonstances, qu'elle ne puisse estre prise que pour ce qu'elle est en effect.

REGLE X.

L'on doit aussi ensuite faire une belle & convenable Distribution de toutes les choses dont on a à traiter.

CAr la Division ou Distribution c'est comme le Flambeau qui eclaire, & precede celuy qui apprend, qui fait qu'il n'erre pas, pour ainsi dire, ça & là sans sçavoir où il va, & qui dans toute la suite de la Doctrine ou Discipline qui se traite, luy fait voir où il est, quel chemin il a fait, ce qui luy reste à parcourir, & par où il en sortira. Or la Distribution sera convenable & naturelle si tous les membres conspirent mutuellement ensemble pour faire un Corps, & se rapportent tous à un mesme dessein.

REGLE XI.

Dans la Distribution des Membres il faut prendre garde que les choses generales precedent.

CEcy est necessaire afin que les choses qui une fois ont esté dites, puissent estre supposées comme ayant deja esté dites, ensorte qu'il ne soit point necessaire de les repeter, n'y ayant rien de plus inutile, & de plus importun que les redites.

REGLE XII.

Qu'on n'introduise rien qui soit etrãger, ou hors du Sujet, & qu'on n'omette rien qui soit propre.

CAr tout ce qui est etranger, & qui n'appartient pas au Sujet, paroit comme une tache dans le visage, & tout ce qu'on omet de ce qui est propre & particulier à la chose, fait une espece de Vuide desagreable, & marque un Corps defectueux. Toutefois si l'on prend quelque chose d'ailleurs qui soit absolument necessaire pour l'intelligence de la matiere qu'on traite, ou si l'on marque quelquefois en passant quelque chose qui se doive tirer de là comme un Corollaire, cela ne doit point passer pour une piece etrangere.

REGLE XIII.

Qu'on commence, & qu'on poursuive toujours par les choses qui sont les plus connuës, & qui sont les plus necessaires pour entendre celles qui suivent.

CAr par ce moyen l'on applanira le chemin à celuy qui apprend, & en luy epargnant le temps, & la peine, l'on travaillera à son bien, & à son plaisir.

REGLE XIV.

Que la Distribution, & toute l'Economie du Traité soit par consequent accommodée à la portée, & à la capacité de celuy qui apprend.

CAr il est certain qu'on se doit prendre d'une autre maniere à instruire ceux qui ne sont que commencer, & d'une autre à l'egard de ceux qui sont deja avancez ; d'autant que les premiers demandent des connoissances que les derniers supposent ; mais toutefois tout ce que l'on enseigne aux uns & aux autres, se doit prendre de la nature, & de la condition de la chose ; parceque la nature de la chose estant connuë, il est aisé de voir s'il est plus convenable de la distribuer ou comme un Genre dans ses Especes, ou comme un Tout integrant en ſes Parties, ou comme un Sujeƈt en ſes Accidens, ou comme une Cauſe en ſes Effeƈts, ou comme une Fin en ſes Moyens, ou comme un Moyen en ſes Fins ou uſages, & ainſi des autres.

FIN.

un Tout integrant en ſes Parties, ou comme un Sujeꝺt en ſes Accidens, ou comme une Cauſe en ſes Effeꝺts, ou comme une Fin en ſes Moyens, ou comme un Moyen en ſes Fins ou uſages, & ainſi des autres.

FIN.

www.ingramcontent.com/pod-product-compliance
Lightning Source LLC
Chambersburg PA
CBHW071958090426
42740CB00011B/1990
* 9 7 8 2 0 1 3 6 9 1 4 1 3 *